LE
PETIT LHOMOND

DES ÉCOLES

ou

PRINCIPES ÉLÉMENTAIRES

DE

GRAMMAIRE FRANÇAISE

PAR

TH^re LEPETIT

Professeur à Paris

> L'esprit des enfants est comme une bouteille à goulot étroit : la liqueur n'y entre que goutte à goutte.
>
> LHOMOND.

PARIS

AUG. BOYER ET Cie, LIBRAIRES-ÉDITEURS

49, RUE SAINT-ANDRÉ-DES-ARTS, 49

X

LE
PETIT LHOMOND

DES ÉCOLES

OU

PRINCIPES ÉLÉMENTAIRES

DE

GRAMMAIRE FRANÇAISE

PAR

Th** LEPETIT

Professeur à Paris.

> L'esprit des enfants est comme une bouteille à goulot étroit : la liqueur n'y entre que goutte à goutte.
>
> LHOMOND.

PARIS

AUG. BOYER ET Cⁱᵉ, LIBRAIRES-ÉDITEURS

RUE SAINT-ANDRÉ-DES-ARTS, 49

Prix : 0,50ᶜ

PRÉFACE

L'épigraphe de ce petit livre dit assez dans quel
esprit il a été conçu. Faire entrer graduellement,
goutte à goutte, pour ainsi dire, les principes les
plus élémentaires de notre langue dans la tête des
enfants, exprimer ces principes avec simplicité et
avec précision tout à la fois, telle a été notre intention.
Nous ne pouvions, pour cela, prendre un meilleur
modèle que Lhomond; mais, depuis le temps où
vivait ce modeste et savant professeur, la science
grammaticale a fait de grands progrès; aussi n'avons-
nous pu suivre pas à pas notre guide : il nous a fallu
tenir compte de ces progrès, modifier la théorie de
la conjugaison des verbes, rectifier certaines classi-
fications qui ne sont plus admises aujourd'hui, com-
pléter certains endroits, élucider les règles par de
plus nombreux exemples. Une petite revue syn-
taxique termine notre ouvrage; nous y avons donné
en une demi-page une théorie complète et facile de
l'emploi des temps du subjonctif; nous avons aussi
ramené à une *règle unique* l'orthographe du participe
présent et du participe passé. Nous croyons en cela
avoir rendu un véritable service à l'enseignement.

Un enfant à qui l'on fait apprendre un grand nombre de règles ne sait laquelle appliquer; il ressemble à un voyageur qui arrive à un endroit où viennent se croiser plusieurs routes, il ne sait laquelle prendre.

Pour rendre l'application de notre grammaire plus facile, nous avons publié des *Exercices* qui se vendent séparément et dont plusieurs éditions ont été rapidement épuisées.

Nous avons fait de nombreux changements ou plutôt de nombreuses améliorations dans cette seconde édition de notre Petit Lhomond : succès oblige.

TH^{re} LEPETIT.

PRINCIPES

DE

GRAMMAIRE FRANÇAISE.

Notions préliminaires.

La *Grammaire française* est l'art de parler et d'écrire correctement en français.

Parler, c'est exprimer sa pensée par la parole ; *écrire*, c'est l'exprimer par l'écriture.

Parler et écrire *correctement*, c'est parler et écrire conformément au meilleur usage et aux règles de la grammaire.

Pour parler et pour écrire on se sert de *mots*. Les mots sont composés de lettres.

Il y a deux sortes de lettres : les voyelles et les consonnes.

Les *voyelles* sont les lettres qui ont par elles-mêmes une voix, un son. Il y en a six, qui sont : *a, e, i, o, u, y.*

Les *consonnes* sont les lettres qui ne peuvent former un son qu'avec le secours des voyelles. Il y en a dix-neuf, qui sont : *b, c, d, f, g, h, j, k, l, m, n, p, q, r, s, t, v, x, z.*

Les consonnes sont *fortes* ou *faibles*, selon qu'il faut plus ou moins d'effort pour les articuler.

On appelle *homophones* celles qui ont à peu près le même son, comme *b* et *p*, *d* et *t*, *f* et *v*, etc.

Les consonnes *x* et *z* sont dites *doubles*, parce qu'elles équivalent à deux consonnes combinées : *x* équivaut à *cs*, *gz* ; *z* représente *ds*, *ts*.

On appelle *famille de mots* la réunion de tous les mots qui ont un rapport de sens et un rapport de forme. Ainsi, *rose, rosier, rosière, roseraie* (lieu planté de rosiers), sont des mots de la même famille.

On distingue dans les mots : les synonymes et les homonymes.

Les *synonymes* sont des mots qui ont à peu près la même signification, comme *beau* et *joli* ; *charge, fardeau* et *faix*.

Les *homonymes* sont des mots qui se prononcent de même et s'écrivent différemment, comme *pin* (arbre) et *pain* (à manger).

Un mot peut être employé au sens propre ou au sens figuré.

Le *sens propre* d'un mot est la signification primitive de ce mot, celle pour laquelle il a été inventé : *J'aime la* FLEUR *des champs.*

Le *sens figuré* est la signification détournée : *Cette jeune fille est morte à la* FLEUR *de l'âge.*

Une réunion de mots formant un sens complet s'appelle *phrase*.

Une suite de phrases se rattachant à un même sujet forme un *discours*.

On appelle *parties du discours* les différentes espèces de mots qui existent dans une langue.

Il y a, en français, dix espèces de mots : le *Nom*, l'*Article*, l'*Adjectif*, le *Pronom*, le *Verbe*, le *Participe*, la *Préposition*, l'*Adverbe*, la *Conjonction* et l'*Interjection*.

Ces différentes espèces de mots se divisent en mots variables et en mots invariables.

Les mots *variables* sont ceux dont la terminaison peut changer. Il y en a six : le *Nom*, l'*Article*, l'*Adjectif*, le *Pronom*, le *Verbe* et le *Participe*.

Les mots *invariables* sont ceux dont la terminaison ne change jamais. Ils sont au nombre de quatre : la *Préposition*, l'*Adverbe*, la *Conjonction* et l'*Interjection*.

CHAPITRE PREMIER.

Du Nom.

Le Nom est un mot qui sert à désigner une personne ou une chose, comme *Pierre*, *Paul*, *livre*, *chapeau*.

Il y a deux sortes de noms : le nom COMMUN et le nom PROPRE.

Le nom COMMUN est celui qui convient à toutes les personnes ou à toutes les choses de la même espèce. Ainsi, *table*, *maison*, *cheval*, sont des noms communs, parce qu'ils conviennent à toutes les tables, à toutes les maisons, à tous les chevaux.

Le nom PROPRE est celui qui ne convient pas à toutes les personnes ou à toutes les choses de la même espèce. Ainsi, *Adam, Ève, Paris, la Seine,* sont des noms propres, parce que ces noms ne conviennent pas à tous les hommes, à toutes les femmes, à toutes les villes, à tous les fleuves.

REMARQUE. — La première lettre d'un nom propre doit toujours être une MAJUSCULE.

Dans les noms, il faut considérer le GENRE et le NOMBRE.

DU GENRE.

Il y a en français deux genres : le MASCULIN et le FÉMININ.

Les noms d'hommes et de mâles sont du genre masculin, comme le *père*, un *lion ;* les noms de femmes et de femelles sont du genre féminin, comme la *mère*, une *lionne*.

Ainsi, le GENRE est la distinction des sexes.

On a donné, par imitation, le genre masculin ou le genre féminin à des choses *inanimées* (sans vie), et qui, par conséquent, ne sont ni mâles, ni femelles. C'est ainsi que *soleil, château, pays* ont été faits du genre masculin, et *lune, maison, contrée*, du genre féminin.

REMARQUE. On reconnaît qu'un nom commun est du genre masculin quand on peut mettre *un* avant ce nom, et du féminin, quand on peut mettre *une*.

DU NOMBRE.

Il y a, en français, deux nombres dans les noms : le SINGULIER, quand on parle d'une seule personne ou d'une seule chose, comme un *homme*, un *livre* ; et le PLURIEL, quand on parle de plusieurs personnes ou de plusieurs choses, comme les *hommes*, les *livres*.

Ainsi, le NOMBRE est l'expression de l'unité ou de la pluralité.

COMMENT ON FORME LE PLURIEL DANS LES NOMS.

RÈGLE GÉNÉRALE. On forme le pluriel d'un nom en ajoutant *s* au singulier : le *père*, les *père-s* ; la *mère*, les *mère-s* ; le *livre*, les *livre-s* ; la *table*, les *table-s*.

EXCEPTIONS.

Les noms terminés au singulier par *s*, *x*, *z*, ne changent pas au pluriel : le *fils*, les *fils* ; le *nez*, les *nez* ; la *voix*, les *voix*.

Les noms terminés au singulier par *au*, *eu*, prennent *x* au pluriel : le *bateau*, les *bateau-x* ; le *feu*, les *feu-x*.

Nous avons en français une vingtaine de noms usuels terminés en *ou* ; sept de ces noms : *bijou*, *caillou*, *chou*, *genou*, *hibou*, *joujou* et *pou*, prennent un *x* au pluriel : *bijou-x*, *caillou-x*, *chou-x*, *genou-x*, *hibou-x*, *joujou-x* et *pou-x* ; tous les autres prennent une *s*.

Les noms terminés en *al* font leur pluriel en *aux* : le *m-al*, les *m-aux* ; le *chev-al*, les *chev-aux*. Il faut excepter *bal*, *cal*, *carnaval*, *chacal*, *régal*, et quelques autres peu usités, qui prennent une *s* au pluriel.

Les noms terminés au singulier par *ail* forment leur pluriel régulièrement : un *camail*, des *camail-s* ; un *détail*, des *détail-s* ; un *portail*, des *portail-s*. Sept font exception, ce sont : *b-ail*, *cor-ail*, *ém-ail*, *soupir-ail*, *trav-ail*, *vant-ail*, *vitr-ail*, qui changent *ail* en *aux* : des *b-aux*, des *cor-aux*, des *ém-aux*, des *soupir-aux*, des *trav-aux*, des *vent-aux*, des *vitr-aux*.

EXERCICES.

Voyez nos EXERCICES PRÉPARATOIRES, 1re *partie*, *livre de l'Élève*, pages 1-14.

CHAPITRE II.

De l'Article.

L'ARTICLE est un mot qui se place avant les noms communs pour annoncer qu'ils sont pris dans un sens déterminé.

La *bonté de Dieu est infinie.*

Dans cette phrase, le mot *la* est un article ; il sert à annoncer qu'il s'agit d'une *bonté* bien déterminée, *celle de Dieu.*

Nous n'avons en français qu'un article :

LE, pour le masculin singulier : LE *père* ;

LA, pour le féminin singulier : LA *mère* ;

LES, pour le pluriel des deux genres : LES *pères*, LES *mères*.

L'article prend toujours le genre et le nombre du nom auquel il se rapporte.

Il y a deux choses à remarquer dans l'article : l'ÉLISION et la CONTRACTION.

DE L'ÉLISION.

L'ÉLISION est la suppression des voyelles *e*, *a*, dans *le*, *la*, avant un mot qui commence par une voyelle ou une *h* muette.

C'est par élision que l'on dit :

L'*argent* pour LE *argent* ;
L'*épée* pour LA *épée* ;
L'*homme* pour LE *homme.*

L'élision a pour objet d'empêcher un *hiatus* (bâillement).

DE LA CONTRACTION.

La CONTRACTION est la réunion des deux mots *à le*, *à les* ; *de le*, *de les* en un seul, *au*, *aux* ; *du des*, avant un mot qui commence par une consonne ou une *h* aspirée.

C'est par contraction que l'on dit :

AU *pain* pour A LE *pain* ;

AU *héros* pour A LE *héros* ;

DU *pain* pour DE LE *pain* ;

DU *héros* pour DE LE *héros*.

Au pluriel, la contraction a toujours lieu, quelle que soit la première lettre du mot suivant.

La contraction a pour objet de donner plus de rapidité à l'expression.

EXERCICES.

Voyez nos EXERCICES PRÉPARATOIRES, 1re *partie, livre de l'Élève*, pages 15-18.

CHAPITRE III.

De l'Adjectif.

L'ADJECTIF est un mot *qui s'ajoute* au nom pour le qualifier ou pour le déterminer.

De là, deux grandes classes d'adjectifs : Les adjectifs QUALIFICATIFS et les adjectifs DÉTERMINATIFS.

I. ADJECTIFS QUALIFICATIFS.

Les adjectifs QUALIFICATIFS sont ceux qui expriment *comment* sont les personnes ou les choses dont on parle : BON *père*, BONNE *mère* ; BEAU *livre*, BELLE *image*.

DU GENRE ET DU NOMBRE DANS LES ADJECTIFS.

L'adjectif ne représentant ni les personnes ni les choses, ne peut avoir par lui-même ni genre ni nombre ; cependant il varie, dans sa terminaison, en genre et en nombre pour mieux marquer son rapport avec le nom.

COMMENT ON FORME LE FÉMININ DANS LES ADJECTIFS.

RÈGLE GÉNÉRALE. — On forme le féminin dans les adjectifs en ajoutant un *e* au masculin : *prudent, prudent-e ; saint, saint-e : méchant, méchant-e ; petit, petit-e ; grand, grand-e ; poli, poli-e ; vrai, vrai-e.*

REMARQUE. — Les adjectifs terminés par un *e* au masculin ne changent pas au féminin : *Un homme* AIMABLE ; *une femme* AIMABLE.

Avant de recevoir le signe du féminin, la terminaison de l'adjectif subit souvent d'importantes modifications.

1° Les adjectifs terminés au masculin par *el, eil, en, et, on* doublent au féminin leur consonne finale avant *e* : *cruel, cruel*L*-e ; pareil, pareil*L*-e ; ancien, ancien*N*-e ; violet, violet*T*-e ; bon, bon*N*-e.*

Dans les adjectifs en *el, et, en,* la duplication de la consonne finale empêche qu'il y ait deux syllabes muettes de suite ; dans ceux en *on* et en *en,* cette duplication dissout la nasale.

2° Dans les adjectifs terminés au masculin par *f,* on adoucit la prononciation en changeant cette consonne forte en la consonne douce *v* : *Un habit* NEUF ; *une robe neuv-e.*

3° Les adjectifs terminés au masculin par *eux* font leur féminin en *eus-e* : *Un homme* VERTUEUX ; *une femme* VERTUEUS-E.

On se rappelle que *x* équivaut à *ts*, c'est, par conséquent, la gutturale *c* qui disparaît pour plus de douceur dans la prononciation.

4° Les adjectifs en *eur* font leur féminin tantôt en *eus-e* : *trompeur, trompeus-e ; menteur, menteus-e* ; la terminaison *eus-e* éveille une idée d'habitude ; tantôt en *ric-e* : *créateur, créatric-e ; protecteur, protectric-e* ; enfin, quelquefois en *eress-e* : *enchanteur, enchanteress-e ; vengeur, vengeress-e.*

5° Les adjectifs *aigu, ambigu, bégu, contigu* et *exigu* prennent un tréma sur la voyelle *e* du féminin : *Une réponse* AMBIGUË ; *une maison* CONTIGU-Ë.

Ce tréma empêche de prononcer la terminaison de l'adjectif comme dans *fatigue.*

6° Les adjectifs terminés au masculin par *er* font leur féminin en *èr-e* : *Adam fut le* PREMIER *homme, et Ève la* PREMIÈR-E *femme.*

On met un accent grave sur la voyelle *e* qui précède la lettre *r*, pour qu'il n'y ait pas deux syllabes muettes de suite.

La plupart des règles que nous venons d'établir ont des exceptions ; l'usage les apprendra.

Voici quelques adjectifs dont le féminin est très-irrégulier :

Beau, nouveau, fou, mou, vieux, font au féminin *belle, nouvelle, folle, molle, vieille.*

Blanc, franc, sec, frais, font *blanche, franche, sèche, fraîche.*

Public, caduc, turc, grec, font *publique, caduque, turque, grecque.*

Long, bénin, malin, font *longue, bénigne, maligne.*

Favori fait *favorite.*

Châtain, dispos et *fat,* ne s'emploient pas au féminin.

COMMENT SE FORME LE PLURIEL.

RÈGLE GÉNÉRALE. — Le pluriel des adjectifs se forme, comme celui des noms, par l'addition d'une s au singulier : *Un enfant* POLI, *des enfants* POLI-S ; *une* BELLE *orange, de* BELLE-S *oranges.*

REMARQUE. — Les adjectifs terminés au singulier par s ou x ne changent pas au pluriel : *Un fils* DOUX *et* SOUMIS, *des fils* DOUX *et* SOUMIS.

Voici quelques exceptions à la règle générale :

1° Les adjectifs en *au* prennent *x* au pluriel : *Un* BEAU *fruit, de* BEAU-X *fruits.*

2° La plupart des adjectifs en *al* font leur pluriel masculin en *aux : Un conte* MOR-AL, *des contes*

MOR-AUX ; *un homme* LOY-AL, *des hommes* LOY-AUX. Ceux qui sont peu usités au pluriel masculin forment ce pluriel par l'addition d'une *s* au singulier : *Un vent* GLACIAL, *des vents* GLACIAL-S ; *un combat* NAVAL, *des combats* NAVAL-S.

REMARQUE. Quelques adjectifs en *al* ne sont pas usités au pluriel masculin.

II. ADJECTIFS DÉTERMINATIFS.

Les adjectifs *déterminatifs* sont ceux qui se joignent au nom pour en *préciser* la signification : MON *livre*, VOTRE *plume*, CES *oranges*.

REMARQUE. — L'adjectif déterminatif diffère de l'article en ce qu'il détermine le nom commun en y ajoutant une idée ; au lieu que l'article, ne signifiant rien par lui-même, indique seulement que le nom va être pris dans un sens déterminé.

Les adjectifs déterminatifs ont pour caractère distinctif de précéder toujours le nom.

Il y a quatre sortes d'adjectifs déterminatifs : les adjectifs *démonstratifs*, les adjectifs *possessifs*, les adjectifs *numéraux* et les adjectifs *indéfinis*.

1° ADJECTIFS DÉMONSTRATIFS.

Les adjectifs *démonstratifs* sont ceux qui déterminent le nom en y ajoutant une idée d'*indication* :

CES *fleurs exhalent un parfum délicieux.*

Les adjectifs démonstratifs sont :

Pour le sing.
masc.
{ *Ce,* Avant une consonne ou une *h* aspirée.
{ *Cet,* Avant une voyelle ou une *h* muette.
Rem. La consonne finale *t,* dans *cet,* est purement euphonique.
fém. *Cette.*

Pour le pl. des deux genres : *Ces.*

2° ADJECTIFS POSSESSIFS.

Les adjectifs *possessifs* sont ceux qui déterminent le nom en y ajoutant une idée de *possession.*

Ces adjectifs sont :

Mon, ton, son; notre, votre, leur, pour le masc. sing.

Ma, ta, sa; notre, votre, leur, pour le fém. sing.

Mes, tes, ses; nos, vos, leurs, pour le pl. des deux genres.

Remarques. — 1° *Mon, ton, son, ma, ta, sa,* indiquent une seule chose possédée et un seul possesseur; *notre, votre, leur,* une seule chose possédée et plusieurs possesseurs; *mes, tes, ses,* plusieurs choses possédées et un seul possesseur; *nos, vos, leurs,* plusieurs choses possédées et plusieurs possesseurs.

2° Pour éviter un hiatus, on emploie *mon, ton,*

son, au lieu de *ma, ta, sa*, avant un nom féminin commençant par une voyelle ou par une *h* muette : MON *amie* pour MA *amie*; TON *épée* pour TA *épée*.

3° Ne confondez pas l'adjectif possessif *ses* avec *ces*, adjectif démonstratif.

Ses marque la possession des choses dont on parle : *La poule réchauffe* SES *poussins sous* SES *ailes.*

Ces exprime une idée d'indication : CES *fleurs sont aussi fraîches qu'hier.*

3° ADJECTIFS NUMÉRAUX.

Les adjectifs *numéraux* sont ceux qui déterminent le nom en y ajoutant une idée de *nombre* ou d'*ordre*.

Il y a, par conséquent, deux sortes d'adjectifs numéraux : les adjectifs numéraux *cardinaux*, et les adjectifs numéraux *ordinaux*.

Les adjectifs numéraux CARDINAUX *sont ceux qui déterminent le nom en y ajoutant une idée de* NOMBRE PRÉCIS.

Ce sont : *un, deux, trois, quatre, cinq, six, sept, huit, neuf, dix, vingt, cent, mille,* etc.

On les appelle *cardinaux*, d'un mot latin qui signifie *base*, parce qu'ils sont, en effet, la base des adjectifs *ordinaux* qu'ils forment au moyen de la terminaison *ième*.

Les adjectifs numéraux ORDINAUX *sont ceux qui déterminent le nom en y ajoutant une idée d'*ORDRE NUMÉRIQUE.

Ce sont : *premier* (*unième* ne s'emploie qu'avec les nombres *vingt, trente,* etc.), *deuxième, troisième, dixième, vingtième, centième,* etc.

4° ADJECTIFS INDÉFINIS.

Les adjectifs *indéfinis* sont ceux qui ajoutent au nom une idée de généralité, le plus souvent de nombre vague : *Il a tonné* PLUSIEURS *jours de suite.*

Ces adjectifs ne déterminent les personnes et les choses que d'une manière générale et peu précise ; les principaux sont : *aucun, autre, certain, chaque, maint, même, nul, plusieurs, quelque, quelconque, tel, tout,* etc.

REMARQUES. — 1° *Tout* fait *tous* au pluriel.

2° A cette subdivision appartiennent encore les adjectifs *un, une* (*des,* au pl.), *vingt, trente, cent, mille,* etc., quand ils n'expriment pas un nombre précis, comme quand on dit : *Voilà* UN *bel arbre* ; *j'ai appris* UNE *fâcheuse nouvelle* ; *je vous l'ai dit* CENT *fois.*

3° L'adjectif indéfini *quelconque* se place toujours après le nom : *Donnez-moi une raison* QUELCONQUE.

ACCORD DE L'ADJECTIF AVEC LE NOM.

RÈGLE GÉNÉRALE. — L'adjectif s'accorde en genre et en nombre avec le nom auquel il se rapporte.

EXEMPLES. — *Le* BON *père, la* BONNE *mère* : *bon* est au masculin et au singulier parce que *père* est du masculin et au singulier ; BONNE est au fé-

minin et au singulier parce que *mère* est du féminin et au singulier.

De BEAUX *jardins, de* BELLES *fleurs*; *beaux* est
au masculin et au pluriel parce que *jardins* est
du masculin et au pluriel, etc.

REMARQUES. — 1° Quand un adjectif se rapporte
à deux noms du singulier, on met cet adjectif au
pluriel, parce que deux singuliers valent un pluriel : *Le roi et le berger sont* ÉGAUX *après la mort*,
(et non pas *égal*).

2° Si les deux noms sont de différents genres,
l'adjectif se met au masculin pluriel : *Mon père
et ma mère sont* CONTENTS (et non pas CONTENTES).

Quant à la place des adjectifs, il y en a qui se
mettent avant le nom, comme BEAU *jardin*, GRAND
arbre, etc. D'autres se mettent après le nom, comme
habit ROUGE, *table* RONDE : l'usage est le seul guide
à cet égard.

Il faut remarquer cependant qu'il y a des adjectifs qui changent le sens du nom, selon qu'ils
précèdent ou qu'ils suivent ce nom :

Un GRAND *homme* est un homme d'un grand
génie.

Un homme GRAND est un homme d'une haute
taille.

Un BRAVE *homme* est un homme honnête et bon.

Un homme BRAVE est un homme courageux.

EXERCICES.

Voyez nos EXERCICES PRÉPARATOIRES, 1re *partie*, *livre de l'Élève*, pages 19-41.

CHAPITRE IV.

Du Pronom.

Le PRONOM (*pour* le *nom*) est un mot qui tient la place du nom, et qui en prend le genre et le nombre.

Les personnes capricieuses ressemblent à des girouettes : ELLES *tournent à tout vent.*

Dans cette phrase, le mot *elles* est un pronom, parce qu'il tient la place du nom *personnes*.

Il y a cinq sortes de pronoms : les pronoms *personnels*, les pronoms *démonstratifs*, les pronoms *possessifs*, les pronoms *conjonctifs* et les pronoms *indéfinis*.

1° PRONOMS PERSONNELS.

Les pronoms *personnels* sont ceux qui désignent les trois personnes grammaticales.

On nomme *personne grammaticale* le rôle que chaque personne ou chaque chose joue dans le discours.

Or, dans l'acte de la parole, il n'y a que trois situations possibles : ou parler, ou écouter, ou servir d'objet au discours.

Il y a donc trois personnes grammaticales : la *première*, celle qui parle ; la *deuxième*, celle à qui l'on parle, et la *troisième*, celle de qui l'on parle.

REMARQUE. — *Personne* vient d'un mot latin qui signifie le *masque* dont les acteurs se couvraient le visage sur la scène, et, par extension, *acteur, personnage, rôle.*

PREMIÈRE PERSONNE.

Singulier :   *Je, me, moi,* } pour les deux genres.
Pluriel :   *Nous,*

DEUXIÈME PERSONNE.

Singulier :   *Tu, te, toi,* } pour les deux genres.
Pluriel :   *Vous,*

TROISIÈME PERSONNE.

Singulier : { *Il,*   *le,* pour le masculin.
{ *Elle, la,* pour le féminin.
{ *Lui,*   pour les deux genres.

Pluriel : { *Ils, eux,* pour le masculin.
{ *Elles,*   pour le féminin.
{ *Les, leur,* pour les deux genres.

Se, soi, en, y, s'emploient pour les deux genres et pour les deux nombres.

Leur, pronom personnel, accompagne toujours un verbe, et ne prend jamais le signe du pluriel, parce qu'il a une forme particulière, *lui,* pour le singulier.

Le, la, les, pronoms, accompagnent toujours un

verbe, c'est ce qui les distingue de l'article, qui précède toujours un nom.

2° PRONOMS DÉMONSTRATIFS.

Les pronoms *démonstratifs* sont ceux qui rappellent, au moyen d'une idée d'indication, les personnes ou les choses dont ils tiennent la place :

Les plaies que fait la langue sont plus dange-reuses que CELLES *que fait le glaive.*

Dans cette phrase, le mot *celles* est un pronom démonstratif, parce qu'il rappelle, au moyen d'une idée d'indication, le nom *plaies* dont il tient la place.

Les pronoms démonstratifs sont :

Pour le sing. { maso. *Ce, celui.*
{ fém. — *celle.*

Pour le plur. { maso. — *ceux.*
{ fém. — *celles.*

En ajoutant à ces pronoms la syllabe *ci* ou la syllabe *la* ou *là*, on a les autres pronoms démonstratifs : *ceci, celui-ci, celle-ci, ceux-ci, celles-ci,* qui marquent la proximité ; et *cela, celui-là, celle-là, ceux-là, celles-là,* qui expriment l'éloignement.

REMARQUES. — 1° Le mot *ce* peut être adjectif ou pronom démonstratif.

Il est adjectif quand il détermine un nom : CE *livre,* CE *tableau.*

Il est pronom quand il est avant un verbe ou un autre pronom, et qu'il peut être remplacé par *ceci, cela* : *c'est vrai,* CE *doit être,* CE *que je dis,* c'est-à-dire CELA *est vrai*, CECI *doit être*, etc.

2° Il ne faut pas confondre *ce*, pronom démons-tratif avec *se*, pronom personnel ; ce dernier peut toujours se traduire par *soi, lui, elle, eux, elles.*

3° PRONOMS POSSESSIFS.

Les pronoms *possessifs* sont ceux qui rappellent, au moyen d'une idée de possession, les personnes ou les choses dont ils tiennent la place :

N'oubliez jamais que le sort du malheureux peut devenir LE VÔTRE.

Le vôtre est un pronom possessif.

Les pronoms possessifs sont :

Le mien, le tien, le sien,
Le nôtre, le vôtre, le leur, } pour le sing. masc.

La mienne, la tienne, la sienne, pour le sing.
La nôtre, la vôtre, la leur, fém.

Les miens, les tiens, les siens, pour le pl. masc.

Les miennes, les tiennes, les siennes, pour le plur. fém.

Les nôtres, les vôtres, les leurs, pour le plur. des deux genres.

Les pronoms possessifs ont, comme on le voit, une forme particulière selon que le possesseur est de la première, de la seconde ou de la troisième personne.

Il ne faut pas confondre les adjectifs possessifs *notre, votre* avec les pronoms possessifs *le nôtre, le vôtre, la nôtre,* etc. ; les premiers s'écrivent sans accent et précèdent toujours un nom ; les seconds prennent un accent circonflexe sur l'*o*, et ne se joignent jamais à un nom : VOTRE *maison est plus belle que* LA NÔTRE.

4° PRONOMS CONJONCTIFS.

Les pronoms *conjonctifs* sont ceux qui servent à joindre le membre de phrase qui les suit, au nom ou au pronom dont ils tiennent la place :

La religion est une chaîne d'or QUI *attache le ciel à la terre.*

Dans cette phrase, le mot *qui* est un pronom conjonctif, parce qu'il joint le membre de phrase *attache le ciel à la terre* qui le suit, au nom *chaîne* dont il tient la place.

Les pronoms conjonctifs sont :

Sing. { masc. *Lequel, duquel, auquel.*
{ fém. *Laquelle, de laquelle, à laquelle.*

Plur. { masc. *Lesquels, desquels, auxquels.*
{ fém. *Lesquelles, desquelles, auxquelles.*

Pour les deux genres et pour les deux nombres : *qui, que, quoi, dont.* Ce dernier pronom équivaut à *duquel, desquels, de laquelle, desquelles.*

REMARQUES. — 1° Le mot dont le pronom conjonctif tient la place s'appelle, par rapport à ce dernier, *antécédent,* c'est-à-dire mot *qui précède.*

Ainsi, dans la phrase que nous avons donnée pour exemple, *chaîne* est l'antécédent de *qui.*

2° Les pronoms *qui, que, quoi, lequel,* etc.,

sont interrogatifs quand ils n'ont pas d'antécédent : Qui *demandez-vous* ? Que *me voulez-vous* ? A quoi *songe-t-il* ? Lequel *préfères-tu* ? On pourrait aussi les considérer comme des pronoms indéfinis.

5° PRONOMS INDÉFINIS.

Les pronoms *indéfinis* sont ceux qui rappellent l'idée d'un nom vague, d'un adjectif, d'un membre de phrase et même d'une phrase tout entière.

Les pronoms indéfinis sont : *On, quiconque, quelqu'un, chacun, autrui, l'un, l'autre, l'un et l'autre, plusieurs, rien*, etc.

Remarques. — 1° Le mot *le* est pronom indéfini quand il signifie *ceci, cela : Croyez-vous que la terre tourne? — Oui, je* le *crois* ; c'est-à-dire : *je crois* cela (qu'elle tourne). Nous verrons que *il* est aussi quelquefois pronom indéfini.

2° Les mots *tout, aucun, nul, plusieurs, tel, certains*, sont pronoms quand ils tiennent la place d'un nom : Aucun *ne sortira* ; plusieurs *pensent ainsi* ; ils sont adjectifs quand ils sont joints à un nom : Aucun *livre*, plusieurs *personnes*.

3° Le mot *personne* est tantôt pronom, tantôt nom.

Il est pronom quand il signifie *aucune personne*, comme dans cet exemple : Personne *n'est exempt de la mort* ; il est nom quand il est précédé de l'article ou d'un adjectif déterminatif : *Les* personnes *vaines veulent qu'on les admire.*

EXERCICES.

Voyez nos EXERCICES PRÉPARATOIRES, 1re *partie, livre de l'Élève, pages 42-51.*

CHAPITRE V.

Du Verbe.

Le VERBE est un mot qui marque l'*état* ou l'*action*, c'est-à-dire que l'on est ou que l'on fait quelque chose :

La terre EST *ronde, elle* TOURNE *autour du soleil.*

Nous n'avons, à proprement parler, qu'un seul verbe d'état, c'est *être*; tous les autres verbes peuvent être considérés comme verbes d'action.

DU SUJET.

Le *sujet* est la personne ou la chose à laquelle on attribue l'état ou l'action : DIEU *est infiniment bon*; — *La* RELIGION *cicatrise les plaies du cœur.*

On trouve le sujet en mettant *qui est-ce qui?* ou *qu'est-ce qui?* avant le verbe : *Qui est-ce qui est bon?* — *Dieu*; — *Qu'est-ce qui cicatrise?* — *La religion.* Les mots *Dieu, religion*, sont les sujets des verbes *est* et *cicatrise*.

DES COMPLÉMENTS DU VERBE.

On appelle *compléments d'un verbe* les mots qui achèvent le sens de ce verbe.

On distingue deux sortes de compléments : le *complément direct* et le *complément indirect*.

Le *complément direct* est la personne ou la chose qui reçoit *directement* l'action exprimée par le verbe : *Caïn tua* ABEL ; — *La Seine arrose* PARIS.

On trouve le complément direct en nommant le sujet, puis le verbe, après lequel on met *qui?* ou *quoi? Caïn tua qui?* — ABEL ; — *La Seine arrose* QUOI? — PARIS. Les mots *Abel, Paris*, sont les compléments directs des verbes *tua* et *arrose*.

REMARQUE. — Il ne faut pas confondre l'attribut avec le complément direct. On appelle *attribut* l'adjectif ou le mot employé comme adjectif, qui est joint au verbe pour exprimer la *manière d'être* du sujet. Ainsi, dans ces phrases : *La vie de l'homme est* COURTE ; — *L'ignorance est la* NUIT *de l'esprit* ; les mots *courte* et *nuit* sont les attributs des sujets *vie* et *ignorance*.

L'attribut ne s'emploie qu'avec *être* et quelques verbes d'action, comme *naître, vivre, mourir, paraître, sembler, devenir*, etc. *Aristide mourut* PAUVRE ; — *Que vous me semblez* BEAU !

Le *complément indirect* est la personne ou la chose qui reçoit *indirectement* l'action exprimée par le verbe : *Dieu donna sa loi à* MOÏSE ; — *Le renard se moqua du* CORBEAU. Le complément indirect est toujours annoncé par des mots *à, de*, etc.

On trouve le complément indirect en nommant

le sujet, puis le verbe, après lequel on met *à qui?* *à quoi? de qui? de quoi?* etc. *Dieu donna* A QUI? —
— A MOÏSE ; — *Le renard se moqua* DE QUI ? — Du CORBEAU. Les mots *Moïse* et *corbeau* sont les compléments indirects des verbes *donna* et *se moqua.*

REMARQUES. — 1° Le complément indirect prend souvent le nom de *complément circonstanciel,* c'est lorsqu'il exprime une circonstance de *temps,* de *lieu,* de *manière,* etc. *Les étoiles brillent pendant la* NUIT ; — *Dieu donna sa loi à Moïse sur le* SINAÏ.

2° Le nom, l'adjectif et certains pronoms peuvent aussi avoir un complément indirect.

DU RADICAL ET DE LA TERMINAISON.

Tout verbe se compose de deux parties distinctes : le *radical* et la *terminaison.*

Le *radical* est la partie du verbe qui renferme l'idée générale de l'état ou de l'action.

La *terminaison* est la partie ajoutée au radical et qui varie selon la personne, le nombre, le temps et le mode.

Ainsi, dans *chant-e,* je *chant-ais,* ils *chant-èrent, chant* est le radical ; *e, ais, èrent* sont les terminaisons.

DE LA PERSONNE.

La *personne* est la forme particulière que prend la terminaison du verbe, selon que le sujet joue le premier, le second ou le troisième rôle.

SINGULIER.	PLURIEL.
1re pers. : *Je se*-RAI.	1re pers. : *Nous se*-RONS.
2e pers. : *Tu se*-RAS.	2e pers. : *Vous se*-REZ.
3e pers. : *Il se*-RA.	3e pers. : *Ils se*-RONT.

DU NOMBRE.

Le *nombre* est la forme particulière que prend la terminaison du verbe, selon que le sujet est du singulier ou du pluriel.

SINGULIER.	PLURIEL.
Tu écri-s.	*Vous écriv*-EZ.
Elle étudi-E.	*Elles étudi*-ENT.

DU TEMPS.

Le *temps* est la forme particulière que prend la terminaison du verbe pour indiquer l'époque à laquelle se rapporte l'état ou l'action.

Il y a trois *temps principaux* ; le PRÉSENT : *je parle* ; le PASSÉ : *j'ai parlé* ; le FUTUR : *je parlerai.*

On distingue cinq sortes de passés : *l'imparfait*, le *passé défini*, le *passé indéfini*, le *passé antérieur* et le *plus-que-parfait.*

On distingue aussi deux futurs : le *futur simple* et le *futur antérieur.*

Quant au présent, il n'a qu'un temps, car le moment où l'on parle est indivisible.

Le *présent* est un temps qui exprime qu'une chose a lieu au moment où l'on parle : *Tu travailles* ; *ils se promènent.*

L'imparfait est un temps qui exprime qu'une chose avait lieu en même temps qu'une autre : *Je* LISAIS *quand vous êtes entré.*

Le *passé défini* est un temps qui exprime qu'une chose a eu lieu dans un temps complétement écoulé : *Je* VOYAGEAI *l'année dernière.*

Le *passé indéfini* est un temps qui exprime qu'une chose a eu lieu dans un temps complétement écoulé ou non complétement écoulé : *J'*AI ÉTUDIÉ *hier mes leçons, j'*AI ÉCRIT *ce matin une lettre.*

Le *passé antérieur* est un temps qui exprime qu'une chose a eu lieu *immédiatement* avant une autre : *Hier, quand j'*EUS FINI, *je sortis.*

Le *plus-que-parfait* est un temps qui exprime qu'une chose a eu lieu avant une autre, mais non *immédiatement* : J'AVAIS TERMINÉ *mes affaires quand je partis.*

Le *futur* est un temps qui exprime qu'une chose aura lieu : *Dieu* RÉCOMPENSERA *les bons et* PUNIRA *les méchants.*

Le *futur antérieur* est un temps qui exprime qu'une chose aura eu lieu quand une autre se fera : J'AURAI ÉCRIT *ma lettre quand vous reviendrez.*

DU MODE.

Le *mode* est la *manière* dont le verbe présente l'état ou l'action.

Il y a deux modes généraux : le *mode impersonnel* et le *mode personnel.*

Le *mode impersonnel* est celui qui n'a pas de personnes : SOUFFLER *n'est pas* JOUER. Nous n'avons qu'un mode impersonnel, c'est *l'infinitif*, qui comprend le *participe*.

Le *mode personnel* est celui qui a des personnes : *Je lis, tu lis, il lit*, etc. ; il comprend *l'indicatif, l'impératif*, le *conditionnel* et le *subjonctif*.

Il a y donc en tout cinq modes particuliers : *l'infinitif, l'indicatif, l'impératif*, le *conditionnel* et le *subjonctif*.

L'infinitif, est un mode qui présente l'état ou l'action comme vague, sans désignation de nombre ni de personne : PARLER *sans* RÉFLÉCHIR, *c'est se* METTRE *en voyage sans* AVOIR FAIT *ses préparatifs*.

L'indicatif est un mode qui présente l'état ou l'action comme positive : *Je* CHANTE, *je* CHANTERAI, *nous* AVONS CHANTÉ.

L'impératif est un mode qui présente l'état ou l'action avec commandement ou avec prière : RENDS *ce livre* ; ACCORDEZ-*moi cette faveur*.

Le *conditionnel* est un mode qui présente l'état ou l'action comme dépendante d'une condition : *Je* FERAIS *l'aumône si j'étais riche*.

• Le *subjonctif* est un mode qui présente l'état ou l'action comme subordonnée, et par conséquent incertaine : *Il faut que* J'ÉCRIVE *une lettre* ; — *Je souhaite* QUE VOUS RÉUSSISSIEZ.

DES CONJUGAISONS.

Conjuguer un verbe, c'est en présenter toutes les formes.

Il y a en français quatre *conjugaisons* ou *classes* de verbes, que l'on distingue par la terminaison du présent de l'infinitif.

La première conjugaison a le présent de l'infinitif terminé en *er*, comme *chant*-ER ; la seconde en *ir*, comme *fin*-IR ; la troisième en *oir*, comme *recev*-OIR, et la quatrième en *re*, comme *rend*-RE.

Il y a deux verbes, *être* et *avoir*, qui servent à conjuguer les autres, et qui, à cause de cela, sont appelés *auxiliaires*.

Les temps qui sont formés d'un auxiliaire et d'un participe passé, sont appelés *temps composés* : *Nous* AVONS CHANTÉ, *vous* AVEZ FINI.

Les *temps* qui ne prennent pas d'auxiliaire sont appelés *temps simples* : *Nous* CHANTONS, *vous* FINISSEZ.

EXERCICES.

Voyez nos EXERCICES PRÉPARATOIRES, 1re *partie*, *livre de l'Élève*, pages 52-96.

Modèle des quatre conjugaisons.

§ 1ᵉʳ. — TEMPS SIMPLES.

INFINITIF (1ᵉʳ mode).

PRÉSENT.

Chant-**ER**. | Fin-**IR**. | Recev-**OIR**. | Romp-**RE**.

PARTICIPE.

PRÉSENT.

Chant-*ant*. | Fin-*iss-ant*. | Recev-*ant*. | Romp-*ant*.

PASSÉ.

Chant-*é*. | Fin-*i*. | Reç-*u*. | Romp-*u*.

INDICATIF (2ᵉ mode).

PRÉSENT.

Je chant-*e*.	fin-*i-s*.	reçoi -*s*.	romp-*s*.
Tu *es*.	*i-s*.	*s*.	*s*.
Il *e*.	*i-t*.	*t*.	*t*.
Nous *ons*.	*iss-ons*.	recev-*ons*.	*ons*.
Vous *ez*.	*iss-ez*.	*ez*.	*ez*.
Ils (1) *ent*.	*iss-ent*.	reçoiv-*ent*.	*ent*.

IMPARFAIT.

Je chant-*ais*.	fin-*iss-ais*.	recev-*ais*.	romp-*ais*.
Tu *ais*.	*iss-ais*.	*ais*.	*ais*.
Il *ait*.	*iss-ait*.	*ait*.	*ait*.
Nous *ions*.	*iss-ions*.	*ions*.	*ions*.
Vous *iez*.	*iss-iez*.	*iez*.	*iez*.
Ils *aient*.	*iss-aient*.	*aient*.	*aient*.

PASSÉ DÉFINI.

Je chant-*ai*.	fin-*is*.	reç-*us*.	romp-*is*.
Tu *as*.	*is*.	*us*.	*is*.
Il *a*.	*it*.	*ut*.	*it*.
Nous *â-mes* (2).	*î-mes*.	*û-mes*.	*î-mes*.
Vous *â-tes*.	*î-tes*.	*û-tes*.	*î-tes*.
Ils *è-rent* (3).	*irent*.	*urent*.	*irent*.

---

(1) Les pronoms personnnels servent successivement pour chacune des trois autres conjugaisons.

(2) On écrivait autrefois *nous aîmasmes, vous finistes*, etc. : la lettre *s* a disparu et a été remplacée par un accent circonflexe.

(3) Dans *ils aim-è-rent*, l'accent grave empêche qu'il y ait deux syllabes muettes de suite.

Modèle des quatre conjugaisons.

TEMPS SIMPLES (suite).

FUTUR.

Je chant-*e-rai*.	fin-*i-rai*.	recev-*rai*.	romp-*rai*.
Tu *e-ras*.	*i-ras*.	*ras*.	*ras*.
Il *e-ra*.	*i-ra*.	*ra*.	*ra*.
Nous *e-rons*.	*i-rons*.	*rons*.	*rons*.
Vous *e-rez*.	*i-rez*.	*rez*.	*rez*.
Ils *e-ront*.	*i-ront*.	*ront*.	*ront*.

IMPÉRATIF (3e mode).

PRÉSENT.

Chant- *e*.	Fin-*i-s*.	Reçoi-*s*.	Romp-*s*.
ons.	*iss-ons*	Recev-*ons*.	*ons*.
ez.	*iss-ez*.	*ez*.	*ez*.

CONDITIONNEL (4e mode).

PRÉSENT OU FUTUR.

Je chant-*e-rais*.	fin-*i-rais*.	recev-*rais*.	romp-*rais*.
Tu *e-rais*.	*i-rais*.	*rais*.	*rais*.
Il *e-rait*.	*i-rait*.	*rait*.	*rait*.
Nous *e-rions*.	*i-rions*.	*rions*.	*rions*.
Vous *e-riez*.	*i-riez*.	*riez*.	*riez*
Ils *e-raient*.	*i-raient*.	*raient*.	*raient*.

SUBJONCTIF (5e mode).

PRÉSENT OU FUTUR.

Que je chant-*e*.	fin-*iss-e*.	reçoiv-*e*.	romp-*e*.
Que tu *es*.	*iss-es*.	*es*.	*es*.
Qu'il *e*.	*iss-e*.	*e*.	*e*.
Que nous *ions*.	*iss-ions*.	recev-*ions*.	*ions*
Que vous *iez*.	*iss-iez*.	*iez*.	*iez*.
Qu'ils *ent*.	*iss-ent*.	reçoiv-*ent*.	*ent*.

IMPARFAIT.

Que je chant-*asse*.	fin-*isse*.	reç-*usse*.	romp-*isse*.
Que tu *asses*.	*isses*.	*usses*.	*isses*.
Qu'il *â-t* (1).	*i-t*.	*û-t*.	*i-t*.
Que nous *assions*.	*issions*.	*ussions*.	*issions*.
Que vous *assiez*.	*issiez*.	*ussiez*.	*issiez*.
Qu'ils *ussent*.	*issent*.	*ussent*.	*issent*.

(1) A la 3e personne du singulier, l'accent circonflexe remplace les deux *ss* qui figurent à toutes les autres personnes, et qu'ici l'euphonie a rejetées.

Conjugaison des verbes ÊTRE et AVOIR.

(TEMPS SIMPLES.)

Les verbes Êt-re et Av-oir servent, comme nous l'avons dit, à former les temps composés des verbes ; il faut donc, avant de présenter le tableau de ces temps, que nous fassions connaître la conjugaison de ces deux auxiliaires ; la voici :

INFINITIF (1er mode).		FUTUR.	
PRÉSENT.		J'au-*rai*.	Je se-*rai*.
		Tu au-*ras*.	Tu se-*ras*.
Av-OIR.	Êt-RE.	Il au-*ra*.	Il se-*ra*.
		Nous au-*rons*.	Nous se-*rons*.
PARTICIPE.		Vous au-*rez*.	Vous se-*rez*.
PRÉSENT.		Ils au-*ront*.	Ils se-*ront*.
Ay-*ant*.	Ét-*ant*.	**IMPÉRATIF (3e mode).**	
		PRÉSENT.	
PASSÉ.		Ai-*e*.	Soi-*s*.
E-*u*.	Et-*é*. (invar.)	Ay-*ons*.	Soy-*ons*.
		Ay-*ez*.	Soy-*ez*.
INDICATIF (2e mode).		**CONDITIONNEL (4e mode).**	
PRÉSENT.		**PRÉSENT OU FUTUR.**	
J'a-*i*.	Je sui-*s*.	J'au-*rais*.	Je se-*rais*.
Tu a-*s*.	Tu e-*s*.	Tu au-*rais*.	Tu se-*rais*.
Il a.	Il es-*t*.	Il au-*rait*.	Il se-*rait*.
Nous av-*ons*.	Nous som-*mes*.	Nous au-*rions*.	Nous se-*rions*.
Vous av-*ez*.	Vous êt-*es*.	Vous au-*riez*.	Vous se-*riez*.
Ils o-*nt*.	Ils so-*nt*.	Ils au-*raient*.	Ils se-*raient*.
IMPARFAIT.		**SUBJONCTIF (5e mode).**	
J'av-*ais*.	J'ét-*ais*.	**PRÉSENT OU FUTUR.**	
Tu av-*ais*.	Tu ét-*ais*.	Que j'ai-*e*.	Que je soi-*s*.
Il av-*ait*.	Il ét-*ait*.	Que tu ai-*es*.	Que tu soi-*s*.
Nous av-*ions*.	Nous ét-*ions*.	Qu'il ai-*t*.	Qu'il soi-*t*.
Vous av-*iez*.	Vous ét-*iez*.	Que n. ay-*ons*.	Que n. so-*yons*.
Ils av-*aient*.	Ils ét-*aient*.	Que v. ay-*ez*.	Que v. so-*yez*.
		Qu'ils ai-*ent*.	Qu'ils soi-*ent*.
PASSÉ DÉFINI.		**IMPARFAIT.**	
J'e-*us*.	Je f-*us*.	Que j'e-*usse*.	Que je f-*usse*.
Tu e-*us*.	Tu f-*us*.	Que tu e-*usses*.	Que tu f-*usses*.
Il e-*ut*.	Il f-*ut*.	Qu'il e-*ût*.	Qu'il f-*ût*.
Nous e-*ûmes*.	Nous f-*ûmes*.	Que n. e-*ussions*	Que n. f-*ussions*
Vous e-*ûtes*.	Vous f-*ûtes*.	Que v. e-*ussiez*	Que v. f-*ussiez*.
Ils e-*urent*.	Ils f-*urent*.	Qu'ils e-*ussent*.	Qu'ils f-*ussent*.

REMARQUE. L'auxiliaire *Avoir* s'emploie pour marquer l'*action*, et l'auxiliaire *Être* pour marquer l'*état*.

Modèle des quatre conjugaisons.

§ IIe. — TEMPS COMPOSÉS.

INFINITIF (1er mode).

PASSÉ.

Avoir........ { chant-*é*. / fin-*i*. / reç-*u*. / romp-*u*.

PARTICIPE.

PASSÉ.

Ayant........ { chant-*é*. / fin-*i*. / reç-*u*. / romp-*u*.

INDICATIF (2e mode).

PASSÉ INDÉFINI.

J'ai / Tu as / Il a / Nous avons / Vous avez / Ils ont { chant-*é*. fin-*i*. reç-*u*. romp-*u*.

PASSÉ ANTÉRIEUR.

J'eus / Tu eus / Il eut / Nous eûmes / Vous eûtes / Ils eurent { chant-*é*. fin-*i*. reç-*u*. romp-*u*.

PLUS-QUE-PARFAIT.

J'avais / Tu avais / Il avait / Nous avions / Vous aviez / Ils avaient { chant-*é*. fin-*i*. reç-*u*. romp-*u*.

FUTUR ANTÉRIEUR.

J'aurai / Tu auras / Il aura / Nous aurons / Vous aurez / Ils auront { chant-*é*. fin-*i*. reç-*u*. romp-*u*.

IMPÉRATIF (3e mode).

FUTUR ANTÉRIEUR.

Aie / Ayons / Ayez { chant-*é*. fin-*i*. reç-*u*. romp-*u*.

CONDITIONNEL (4e mode).

PASSÉ.

J'aurais (1) / Tu aurais / Il aurait / Nous aurions / Vous auriez / Ils auraient { chant-*é*. fin-*i*. reç-*u*. romp-*u*.

SUBJONCTIF (5e mode).

PASSÉ.

Que j'aie / Que tu aies / Qu'il ait / Que nous ayons / Que vous ayez / Qu'ils aient { chant-*é*. fin-*i*. reç-*u*. romp-*u*.

PLUS-QUE-PARFAIT.

Que j'eusse / Que tu eusses / Qu'il eût / Que n. eussions / Que v. eussiez / Qu'ils eussent { chant-*é*. fin-*i*. reç-*u*. romp-*u*.

(1) On dit aussi : *J'eusse chanté, tu eusses chanté, il eût chanté, nous eussions chanté, vous eussiez chanté, ils eussent chanté. — J'eusse fini, etc. — J'eusse reçu, etc. — J'eusse rompu, etc.*

Remarque. — Les verbes *être* et *avoir* prennent l'un et l'autre *avoir* dans leurs temps composés : *J'ai eu, j'ai été*, etc.

Avoir est, comme on le voit, le verbe auxiliaire par excellence, puisqu'il forme lui-même ses temps composés.

Pour la conjugaison d'un verbe avec l'auxiliaire *être*, voyez page 47.

Tableau synoptique des temps des Verbes

MODES.	TEMPS SIMPLES.	TEMPS COMPOSÉS.
INFINITIF.	Présent. Participe présent.	Passé. Participe passé.
INDICATIF.	Présent. Imparfait. Passé défini. Futur.	Passé indéfini. Passé antérieur. Plus-que-parfait. Futur antérieur.
IMPÉRATIF.	Présent ou futur.	Futur antérieur.
CONDITIONNEL	Présent ou futur.	Passé (2 formes).
SUBJONCTIF.	Présent ou futur. Imparfait.	Passé. Plus-que-parfait.

Remarques sur la conjugaison de quelques groupes de verbes en ER.

1° Dans les verbes en *c-er* (*annonc-er, lanc-er, plac-er, prononc-er, trac-er, etc.*), on met une cédille sous le *c*, toutes les fois que la terminaison commence par un *a* ou par un *o* : *Les apôtres* ANNONÇ-AIENT *la bonne nouvelle aux nations.*

Cette cédille a pour objet de conserver au *c* le son doux qu'il a au présent de l'infinitif.

2° Dans les verbes en *g-er* (*corrig-er, jug-er, rang-er, song-er, soulag-er, etc.*), on met un *e* entre le radical et la terminaison, toutes les fois que celle-ci commence par un *a* ou par un *o* : *L'homme sensible soulage ses peines en* sou-LAG-E-ANT *celles des autres.*

Cet *e* sert à conserver au *g* le son doux qu'il a au présent de l'infinitif.

3° Dans les verbes en *el-er, et-er* (*appel-er, cisel-er, nivel-er, épousset-er, étiquet-er, jet-er,* etc.), *l* et *t* se doublent avant une syllabe muette : *Les parents* APPEL-L-ENT *la bénédiction de Dieu sur leurs enfants.*

Cette duplication des consonnes finales *l* et *t* du radical a pour objet d'empêcher qu'il y ait deux syllabes muettes de suite.

REMARQUE. Quelques verbes, comme *achet-er, bourrel-er, décel-er, gel-er, harcel-er* et *pel-er* font exception à la règle précédente et prennent un accent grave : *il gèl-e, j'achèt-e-rai,* etc. (Académie.)

4° Tout verbe de la première conjugaison qui, au présent de l'infinitif, a un *e* à l'avant-dernière syllabe (*lev-er*, *promen-er*, *sem-er*, etc.), change cet *e* en *è*, toutes les fois que la syllabe suivante de la terminaison est muette : *Je* PROMÈN-E *des regards d'admiration sur les beautés de la nature.*

Ce changement a lieu pour qu'il n'y ait pas deux syllabes muettes de suite.

5° Tout verbe de la première conjugaison qui, au présent de l'infinitif, a un *é* à l'avant-dernière syllabe (*altér-er*, *espér-er*, *précéd-er*, *préfér-er*, *révél-er*, etc.), change cet *é* en *è*, avant une syllabe muette : *J'*ESPÈR-E *en la miséricorde de Dieu.*

L'avant-dernière syllabe d'un mot doit avoir un son ouvert ; il faut que la voix éclate avant de tomber : voilà la raison de ce changement.

Cependant les verbes en *ég-er* et en *é-er*, comme *protég-er*, *cré-er*, *supplé-er*, etc., conservent partout l'accent aigu : *Il cré-e, il protég-e, il supplé-e-ra*, etc.

Remarque particulière. Les verbes en *é-er* prennent deux *é* et un *e* au féminin singulier du participe passé : *Une excuse* AGRÉÉE ; *l'âme a été* CRÉÉE *immortelle.* Ce n'est point une irrégularité : le premier *é* appartient au radical, le second n'est autre chose que la terminaison du verbe au participe passé ; enfin, *e* est le signe du féminin.

6° Dans les verbes en *y-er* (*employ-er*, *essuy-er*,

nettoy-er, etc.), *y* se change en *i* toutes les fois qu'il n'y a pas d'hiatus à éviter, c'est-à-dire avant une syllabe muette : *Mon enfant, emploi-e bien ton temps.*

Cependant, dans les verbes en *ay-er* seulement, il vaut mieux conserver l'*y* dans toute l'étendue de la conjugaison, surtout si le radical n'a qu'une syllabe. Ainsi, il vaut mieux écrire *je pay-e* que *je pai-e.* Le verbe *grassey-er* conserve aussi partout l'*y* : *il grassey-e, elles grassey-e-raient.*

Il faut remarquer que les verbes en *y-er*, et, en général, tous ceux qui ont le participe présent en *y-ant*, à quelque conjugaison qu'ils appartiennent, prennent un *y* et un *i* de suite à la 1re et à la 2° personne plurielle de l'imparfait de l'indicatif et du présent du subjonctif : *Nous* ESSUY-IONS, *vous* ESSUY-IEZ ; *que nous* EMPLOY-IONS, *que vous* EMPLOY-IEZ; *vous* VOY-IEZ, etc. Ce n'est point une irrégularité : *y* appartient au radical, *i* à la terminaison ; cet *i* sert d'ailleurs à distinguer l'imparfait de l'indicatif du présent du même mode.

Les verbes en *i-er* (*li-er pri-er*, etc.) prennent deux *ii* aux mêmes formes : *Nous* LI-IONS, *que vous* PRI-IEZ.

Des Verbes irréguliers et défectifs.

Les verbes *irréguliers* sont ceux qui ne suivent pas les règles générales de la conjugaison à laquelle ils appartiennent.

On appelle *défectifs* ou *incomplets* les verbes qui n'ont pas toutes leurs formes.

Liste des principaux Verbes irréguliers et défectifs.

(Nous ne donnons dans cette liste que les *formes irrégulières.* — Les verbes *défectifs* sont marqués d'une astérisque.)

1re CONJUGAISON.

ALLER. *Je vais, tu vas, il va..., ils vont.*—*J'irai*, etc. —*Va.* — *J'irais*, etc.— *Que j'aille, que tu ailles, qu'il aille..., qu'ils aillent.*

ENVOY-ER. *J'enverrai*, etc. — *J'enverrais*, etc.

2e CONJUGAISON.

ACQUÉR-IR, *acquis.* — *J'acquiers, tu acquiers, il acquiert, nous acquérons, vous acquérez, ils acquièrent.* —*J'acquis*, etc.— *J'acquerrai*, etc.— *Acquiers.*—*J'acquerrais*, etc. — *Que j'acquière, que tu acquières, qu'il acquière..., qu'ils acquièrent. — Que j'acquisse*, etc.

BÉN-IR, *béni, bénie;* et, en parlant des choses sur lesquelles la bénédiction du prêtre a été donnée, *bénit, bénite : du pain* BÉNIT, *de l'eau* BÉNITE.

BOUILL-IR, *bouillant.* — *Je bous, tu bous, il bout, nous bouillons*, etc. — *Je bouillais*, etc. — *Bous, bouillons, bouillez.* — *Que je bouille*, etc.

COUR-IR se conjugue comme s'il était de la 3e conjugaison.

CUEILL-IR, *cueillant.* — *Je cueille, tu cueilles*, etc. (on disait autrefois *cueill-er), nous cueillons*, etc. — *Je cueillais,*etc. —*Je cueillerai*, etc.— *Cueille, cueillons, cueillez*, etc.— *Je cueillerais*, etc.—*Que je cueille*, etc.

DORM-IR, *dormant.* —*Je dors, tu dors, il dort, nous*

dormons, vous dormez, etc. — Dors, dormons, dormez,
— Que je dorme, etc.

*FAILL-IR, failli. Ce verbe n'est plus guère usité qu'au
passé défini, je faillis, etc., et aux temps composés.

*FÉR-IR (frapper). Ce verbe n'est usité qu'à l'infinitif
et dans cette expression : sans coup férir.

FLEUR-IR (employé au figuré dans le sens de pros-
pérer) fait au participe présent florissant, et à l'imparfait
de l'indicatif il florissait, ils florissaient.

FU-IR, fuyant. — Nous fuyons, etc. — Je fuyais, etc.
— Fuyons, fuyez. — Que je fuie, etc.

*GÉS-IR. Est usité seulement aux formes suivantes :
Gisant. — Ci-gît, il gît, nous gisons, vous gisez, ils
gisent. — Je gisais, tu gisais, il gisait, nous gisions,
vous gisiez, ils gisaient.

HA-ÏR. La seule irrégularité de ce verbe consiste en
ce qu'il ne prend pas de tréma au singulier du présent
de l'indicatif : Je hais, tu hais, il hait, ni au présent de
l'impératif : hais.

Aux deux premières personnes plurielles du passé défini et à la 3e personne du singulier, à l'imparfait du
subjonctif, le tréma remplace l'accent circonflexe : Nous
haïmes, vous haïtes, qu'il haït.

MENT-IR, mentant. — Je mens, tu mens, il ment,
nous mentons, etc. — Je mentais, etc. — Mens, mentons, mentez, etc. — Que je mente, etc.

MOUR-IR, mourant, mort. — Je meurs, tu meurs, il
meurt, nous mourons, vous mourez, ils meurent. — Je
mourais, etc. — Je mourus, etc. — Je mourrai, etc.
— Meurs. — Je mourrais, etc. — Que je meure, que tu
meures, qu'il meure..., qu'ils meurent. — Que je
mourusse, etc.

OFFR-IR, *offrant, offert.* — *J'offre, tu offres, il offre, nous offrons,* etc. — *J'offrais,* etc. — *Offre, offrons, offrez,* etc. — *Que j'offre,* etc.

Ainsi se conjuguent tous les verbes en *frir* et en *vrir.*

OU-ÏR n'est plus usité qu'au présent de l'infinitif et aux temps composés : *Ouïr la messe, j'ai ouï dire.*

Le tréma sert à distinguer *ouï,* participe passé du verbe *ouïr,* de *oui,* adverbe d'affirmation.

* QUÉR-IR. Ce verbe n'est plus usité qu'au présent de l'infinitif et précédé des verbes. *aller, venir, envoyer : aller quérir, envoyer quérir,* etc.

PART-IR, *partant.* — *Je pars, tu pars, il part, nous partons,* etc. — *Je partais,* etc. — *Pars, partons, partez.* — *Que je parte,* etc.

TEN-IR, *tenant, tenu.* — *Je tiens, tu tiens, il tient, nous tenons, vous tenez, ils tiennent.* — *Je tenais,* etc. — *Je tins,* etc. — *Je tiendrai,* etc. — *Tiens.* — *Je tiendrais,* etc. — *Que je tienne, que tu tiennes , qu'il tienne... , qu'ils tiennent.* — *Que je tinsse,* etc.

Remarque. La consonne *n* du radical se double avant une syllabe muette.

TRESSAILL-IR, *tressaillant.* — *Je tressaille, tu tressailles,* etc. — *Je tressaillais,* etc. — *Tressaille, tressaillons, tressaillez.* — *Que je tressaille,* etc.

VEN-IR se conjugue comme *tenir.*

VÊT-IR ne suit le modèle de la 2e conjugaison qu'au futur et au conditionnel présent, *je vêtirai, je vêtirais,* etc. ; partout ailleurs il se conjugue comme s'il était de la 4e.

3e CONJUGAISON.

ASSE-OIR, *Asseyant, assis.* — *J'assieds, tu assieds, il assied, nous asseyons, vous asseyez, ils asseyent.* —

J'esseyais, etc. — *J'assis*, etc. — *J'assiérai*, etc. — *Assieds, asseyons, asseyez*, etc. — *J'assiérais*, etc. — *Que j'asseye*, etc. — *Que j'assisse*, etc.

*CH-OIR n'est usité qu'au présent de l'infinitif et au participe passé : *chu, chue.*

*DÉCH-OIR. — *Je déchois*, etc..., *nous déchoyons*, etc. *Je décherrai*, etc. — *Je décherrais*, etc. — *Que je déchoie*, etc. — Point d'imparfait de l'indicatif, d'impératif, ni de participe présent.

DEV-OIR, *dû.* Se conjugue comme *recevoir.* L'accent circonflexe dans *dû* sert à distinguer ce participe de *du*, contraction pour *de le.*

*ÉCH-OIR, *échéant.* — *Il échoit* ou *il échet.* — *J'écherrai*, etc. — *J'écherrais.* — Point d'imparfait de l'indicatif, d'impératif, ni de présent du subjonctif.

*FALL-OIR, verbe impersonnel : *il faut, il faudra, il faudrait, qu'il faille.*

MOUV-OIR, *mu.* — *Je meus, tu meus, il meut... ils meuvent.* — *Je mus*, etc. — *Meus.* — *Que je meuve, que tu meuves, qu'il meuve..., qu'ils meuvent*, etc. — *Que je musse*, etc.

*PLEUV-OIR, *plu.* Verbe impersonnel. — *Il pleut, il plut, qu'il plût.*

POUV-OIR, *pu.* — *Je peux* ou *je puis, tu peux, il peut..., ils peuvent.* — *Je pus*, etc. — *Je pourrai*, etc. — *Je pourrais*, etc. — *Que je puisse*, etc. — *Que je pusse*, etc. — Pas d'impératif : on ne peut commander de *pouvoir.*

*RAV-OIR n'est usité qu'au présent de l'infinitif.

SAV-OIR, *sachant, su.* — *Je sais, tu sais, il sait.* — *Je sus*, etc.—*Je saurai*, etc. — *Sache, sachons, sachez.* — *Je saurais*, etc. — *Que je sache*, etc. — *Que je susse*, etc.

SE-OIR (être convenable) n'est usité qu'aux formes

suivantes : *Séant*. — *Il sied, ils siéent*. — *Il seyait, ils seyaient*. — *Il siéra, ils siéront*. — *Il siérait, ils siéraient*.

* SE-OIR (être assis, être situé) n'est plus usité qu'aux participes : *séant ; sis, sise*.

SURSE-OIR, *Sursoyant, sursis*. — *Je sursois*, etc. — *Je sursoyais*, etc. — *Je sursis*, etc. — *Je surseoirai*, etc. *Sursois, sursoyons, sursoyez*. — *Je surseoirais*, etc. *Que je sursoie*, etc. — *Que je sursisse*, etc.

VAL-OIR. — *Je vaux, tu vaux, il vaut*. — *Je vaudrai*, etc. — *Vaux*. — *Je vaudrais*, etc. — *Que je vaille, que tu vailles, qu'il vaille..., qu'ils vaillent*.

Remarque. Le verbe *prévaloir* fait au présent du subjonctif : *que je prévale*.

V-OIR, *voyant*. — *Je vois, tu vois, il voit, nous voyons, vous voyez, ils voient*. — *Je voyais*, etc. — *Je vis*, etc. — *Je verrai*, etc. — *Vois, voyons, voyez*. — *Je verrais*, etc. — *Que je voie*, etc. — *Que je visse*, etc.

Remarque. Les composés *prévoir* et *pourvoir* font au futur *je prévoirai, je pourvoirai. Pourvoir* fait de plus au passé défini *je pourvus*, etc., et à l'imparfait du subjonctif, *que je pourvusse*, etc.

VOUL-OIR. *Je veux, tu veux, il veut..., ils veulent*. — *Je voudrai*, etc. — *Veuille* ou *veux, veuillons* ou *voulons, veuillez* ou *voulez*. — *Je voudrais*, etc. — *Que je veuille, que tu veuilles, qu'il veuille..., qu'ils veuillent*.

Remarque. Le présent de l'impératif *veuille* s'emploie par civilité pour *aie la complaisance. Veux* signifie *aie la volonté*.

4ᵉ CONJUGAISON.

*ABSOUD-RE, *absolvant, absous, absoute*. — *J'absous, tu absous, il absout, nous absolvons*, etc. — *J'absol-*

vais, etc. — Pas de passé défini ni d'imparfait du subjonctif. — *Absous, absolvons, absolvez.* — *Que j'absolve*, etc.

Remarque. Ce verbe a, comme on le voit, deux radicaux : *absoud* avant une consonne, *absolv* avant une voyelle. — *Résoudre* se conjugue comme *absoudre*, mais il fait, au passé défini, *je résolus*, et au participe présent *résolu*, et dans certains cas, *résous*.

*ACCROI-RE n'est usité qu'au présent de l'infinitif.

BATT-RE. — *Je bats, tu bats, il bat.* — *Bats.*

BOI-RE, *buvant, bu.* — *Nous buvons, vous buvez, ils boivent...* — *Je buvais*, etc.—*Je bus*, etc.—*Buvons, buvez.*— *Que je boive*, etc...; *que nous buvions, que vous buviez, qu'ils boivent.* — *Que je busse*, etc.

*BRAI-RE ne s'emploie guère qu'au présent de l'infinitif et aux 3es personnes du présent, du futur et du conditionnel.

CONCLU-RE, *conclu. Je conclus*, etc. — *Que je conclusse*, etc.

CONDUI-RE, *conduisant, conduit.* — *Nous conduisons, vous conduisez*, etc. — *Je conduisais*, etc. — *Je conduisis*, etc. — *Conduisons, conduisez.* — *Que je conduise*, etc. — *Que je conduisisse.*

Ce verbe a, comme on le voit, deux radicaux : *condui* avant une consonne, *conduis* avant une voyelle.

Ainsi se conjuguent tous les verbes en *ui-re*, excepté *lui-re* et *nui-re*.

CONFI-RE, *confisant, confit.* — *Nous confisons, vous confisez, ils confisent.* — *Je confisais*, etc. — *Je confis*, etc. — *Confisons, confisez.* — *Que je confise*, etc. — *Que je confisse*, etc.

CONNAIT-RE, *connaissant, connu.* — *Je connais*, etc.... *nous connaissons*, etc.—*Je connaissais*, etc.—*Je connus*, etc. — *Connais, connaissons, connaissez.* — *Que je connaisse*, etc. — *Que je connusse*, etc.

Remarque. L'*i* du radical conserve l'accent circonflexe quand il est suivi d'un *t.*

Sur *connaître* se conjuguent tous les verbes en *aître.*

COUD-RE. Ce verbe a deux radicaux : *coud* avant une consonne, *cous* avant une voyelle.

CRAIND-RE, *craint.* Ce verbe a, comme le précédent deux radicaux : *craind* avant une consonne, *craign*, avant une voyelle.

Remarque. Le *d* final du radical *craind* tombe au singulier du présent de l'indicatif et de l'impératif : *Je crains, tu crains, il craint; crains.* Ainsi le veut l'euphonie. Même observation pour les verbes en *soudre.*

Sur *craind-re* conjuguez tous les verbes en *indre.*

Tous les verbes en *d-re,* excepté ceux en *ind-re* et en *soud-re,* conservent le *d* du radical, mais ils ne prennent pas de terminaison à la troisième personne du présent de l'indicatif : *je vend-s, tu vend-s, il vend.*

CROI-RE, *croyant, cru.* — *Nous croyons, vous croyez.* — *Je croyais,* etc. — *Je crus,* etc. — *Que je crusse,* etc.

CROIT-RE, *croissant, crû.* — *Je croîs, tu croîs, il croît, nous croissons, vous croissez, ils croissent.* — *Je croissais,* etc. — *Je crûs,* etc. — *Crois, croissons, croissez.* — *Que je croisse,* etc. — *Que je crûsse,* etc.

Remarque. L'accent circonflexe du verbe *croître* se met non-seulement quand la voyelle *i* est suivie d'un *t,* mais encore à toutes les formes que l'on pourrait confondre avec celles du verbe *croire.*

Les composés *accroître* et *décroître* ne conservent l'accent que lorsque l'*i* est suivi d'un *t.*

DI-RE, *disant, dit.* — *Nous disons, vous dites, ils disent.* — *Je disais,* etc. — *Je dis,* etc. — *Disons, dites.* — *Que je dise,* etc. *Que je disse,* etc.

Redire fait aussi *vous redites*. — *Maudire* fait *nous maudissons, vous maudissez*. Les autres composés sont réguliers.

ÉCLO-RE, *éclos*. Usité seulement aux 3es personnes : *il éclôt, ils éclosent*. — *Il éclôra*. — *Il éclôrait*. — *Qu'il éclose*. Les autres temps manquent.

ÉCRI-RE, *écrivant, écrit*. — Pour les formes personnelles, deux radicaux : *écri* avant une consonne, *écriv* avant une voyelle.

*FRI-RE, *frit*. Ce verbe ne se conjugue guère qu'avec *faire* que l'on joint à l'infinitif : *Je fais frire, tu fais frire, il fait frire*, etc. — *Je faisais frire*, etc.

LI-RE, *lisant, lu*. — *Nous lisons, vous lisez*, etc. — *Je lisais*, etc. — *Je lus*, etc. — *Lisons, lisez*. — *Que je lise*, etc. — *Que je lusse*, etc.

LUI-RE, *luisant, lui*. — Se conjugue comme *conduire*, mais point de passé défini ni d'imparfait du subjonctif.

METT-RE, *mis*. *Je mets, tu mets, il met.*—*Je mis*, etc. *Mets*. — *Que je misse*, etc.

MOUD-RE se conjugue comme s'il était de la 3e, mais avec deux radicaux : *moud* avant une consonne, *moul* avant une voyelle.

NAIT-RE, *né*.—*Je naquis*, etc.—*Que je naquisse*, etc. Pour les autres temps, se conjugue comme *connaître*.

NUI-RE, *nui*. Deux radicaux : *nui* avant une consonne, *nuis* avant une voyelle.

PLAI-RE, *plaisant, plu*.—*Il plaît, nous plaisons*, etc. — *Je plaisais*, etc.—*Je plus*, etc. *Plaisons, plaisez*, etc. — *Que je plaise*, etc. — *Que je plusse*, etc.

*POIND-RE n'est usité qu'aux formes suivantes : *Le jour ne fait que* POINDRE; *dès que le jour* POINDRA; *aussitôt que le jour* POINDRAIT.

PREND-RE, *prenant, pris*. — *Je prends*, etc. — *Nous*

prenons, vous prenez, ils prennent. — *Je prenais,* etc.
— *Je pris,* etc. — *Prends, prenons, prenez.* — *Que je prenne, que tu prennes, qu'il prenne...,* qu'ils *prennent.* — *Que je prisse,* etc.

Remarque. L'n du radical se double avant *e, es, ent,* pour qu'il n'y ait pas deux syllabes muettes de suite.

RI-RE, *ri.* — *Je ris, tu ris, il rit, nous rîmes,* etc. — *Que je risse,* etc.

SUIV-RE, *suivi.* — *Je suis, tu suis, il suit.* — Régulier partout ailleurs.

TRAI-RE, trayant, trait. — Point de passé défini ni d'imparfait du subjonctif ; régulier aux autres temps.

VAINC-RE, *vainquant, vaincu.* — Pour toutes les formes personnelles, deux radicaux : *vainc* avant une consonne, *vainqu* avant une voyelle.

Au présent de l'indicatif, à la 3ᵉ personne du singulier, pas de terminaison ; *il vainc* ; l'euphonie rejette le *t.*

VIV-RE, *vécu.* — *Je vis, tu vis, il vit.* — *Je vécus,* etc. — *Vis.* — *Que je vécusse,* etc.

Division des verbes d'action.

Il y a deux sortes de verbes d'action : les verbes d'*action directe*, et les verbes d'*action indirecte.*

Les verbes d'*action directe* (communément, verbes *actifs* ou *transitifs*) sont ceux après lesquels on peut mettre *quelqu'un* ou *quelque chose.* Ainsi, *frapper, donner* sont des verbes d'action directe, parce qu'on peut dire : *frapper* quelqu'un, *donner* quelque chose.

Les verbes d'*action indirecte* (communément, verbes *neutres* ou *intransitifs*) sont ceux après lesquels on ne peut mettre ni *quelqu'un* ni *quelque chose*. Ainsi, *marcher* est un verbe d'action indirecte, parce qu'on ne peut pas dire : *marcher* quelqu'un, *marcher* quelque chose.

REMARQUES. — 1° Tous les verbes d'action directe prennent l'auxiliaire *avoir* dans leurs temps composés : *il* A *chanté, nous* AVONS *reçu une lettre.*

2° Un certain nombre de verbes d'action indirecte, tels que *aller, arriver, décéder, éclore, entrer, mourir, naître, partir, venir,* etc., prennent l'auxiliaire *être* dans leurs temps composés, parce qu'alors ce n'est pas l'action, mais le résultat de l'action, et par conséquent l'*état*, que l'esprit envisage : *Toutes les sciences et tous les arts* SONT *nés parmi des nations libres.*

3° Quelques verbes d'action indirecte, tels que *grandir, passer, vieillir, rester, disparaître, échoir, cesser,* etc., peuvent prendre l'un et l'autre auxiliaire, mais avec une différence dans le sens de la phrase : *Ce billet* A *échu le premier de ce mois.* — *Il y a un mois que ce billet* EST *échu.*

Les verbes qui prennent l'auxiliaire *être* dans leurs temps composés se conjuguent de la manière suivante :

INFINITIF.	INDICATIF.
PASSÉ,	PASSÉ INDÉFINI.
Être arrivé.	Je suis arrivé, etc.
PARTICIPE.	
PRÉSENT.	PASSÉ ANTÉRIEUR.
Étant arrivé.	Je fus arrivé, etc.

PLUS-QUE-PARFAIT.	**OU**
J'étais arrivé, etc.	Je fusse arrivé, etc.
FUTUR ANTÉRIEUR.	**SUBJONCTIF.**
Je serai arrivé, etc.	**PASSÉ.**
CONDITIONNEL.	Que je sois arrivé, etc.
PASSÉ.	**PLUS-QUE-PARFAIT.**
Je serais arrivé, etc.	Que je fusse arrivé, etc.

REMARQUE. — Les verbes d'action indirecte qui prennent l'auxiliaire *être* deviennent de véritables verbes d'*état* aux temps composés.

A la classe des verbes d'*action* soit *directe*, soit *indirecte*, appartiennent les *verbes réfléchis*.

On appelle ainsi les verbes qui expriment une action qui retombe sur la personne ou sur la chose qui la fait : JE *ne* ME FLATTE *pas d'être savant*; — ILS SE SONT REPENTIS *de leurs fautes*; — ELLES SE SONT NUI.

Les verbes réfléchis se conjuguent avec deux pronoms de la même personne : *je me, tu te, il se*, pour le singulier ; *nous nous, vous vous, ils se*, pour le pluriel. De ces deux pronoms, le premier est toujours *sujet*, et le second toujours *complément direct* ou *indirect*.

A l'impératif, les verbes réfléchis sont suivis des pronoms compléments *toi, nous, vous : repens-toi, repentons-nous, repentez-vous*. Un trait-d'union joint le pronom au verbe.

Dans les temps composés, on emploie l'auxiliaire *être*, mais alors le participe présent *ayant* du verbe *avoir* est sous-entendu. Ainsi, *je me suis flatté*, est pour *je suis* AYANT *flatté moi*.

Il y a deux sortes de verbes réfléchis : les verbes *essentiellement réfléchis* et les verbes *accidentellement réfléchis*.

Les verbes *essentiellement réfléchis* sont ceux que l'on ne peut employer sans l'un des pronoms *me*, *te* ou *toi*, *se*, *nous*, *vous*, qui sont considérés comme compléments directs, et avec lesquels le participe passé s'accorde toujours ; tels sont *s'abstenir, s'emparer, s'évanouir, se repentir*, etc. *Les ennemis* SE SONT EMPARÉS *de la ville.*

Les verbes *accidentellement réfléchis* sont ceux qui peuvent se conjuguer sans les pronoms compléments *me, te, se, nous, vous.* Ainsi, *se flatter, se tromper*, sont des verbes accidentellement réfléchis, parce qu'on peut dire : *Je flatte, tu flattes, il flatte*, etc. ; *nous trompons, vous trompez, ils trompent.*

Dans les verbes accidentellement réfléchis, les pronons *me, te, se, nous, vous*, sont tantôt compléments directs, tantôt compléments indirects, selon le sens. Ainsi, dans, *se flatter (flatter soi)*, *se* est complément direct ; dans *s'attribuer (attribuer à soi)*, *se* est complément indirect.

A la classe des verbes d'action indirecte se rapportent les *verbes impersonnels.*

Les *verbes impersonnels* sont ceux dont le sujet représente une personne ou une chose qui n'est pas déterminée : *il pleut, il neigeait, il tonnera*, etc.

On les appelle aussi *verbes unipersonnels*, parce qu'ils ne s'emploient qu'à la 3ᵉ personne du singulier. Ils n'ont pas d'impératif.

Tous les verbes impersonnels, excepté *il faut*, expriment un phénomène de la nature.

On reconnaît qu'un verbe est *accidentellement unipersonnel* quand le pronom *il* est indéfini, c'est-à-dire est mis pour *cela*.

Tout verbe *accidentellement impersonnel* a deux sujets : l'un apparent, exprimé par le pronom indéfini *il*; l'autre *réel*, répondant à la question *qu'est-ce qui?* Ainsi, dans cette phrase : *Il nous arrive souvent de nous tromper*, l'infinitif *tromper* est le sujet réel de *arrive*.

Il faut est le seul verbe essentiellement impersonnel qui ait un sujet apparent et un sujet réel.

De la conjugaison des verbes à la forme interrogative.

Pour conjuguer un verbe à la forme interrogative, on observe les trois principes suivants:

1° On place, dans les temps simples, le pronom sujet après le verbe, en ayant soin de lier les deux mots par un trait-d'union : *Finis-tu? reçoit-il? viennent-elles?* Dans les temps composés, le pronom se place après l'auxiliaire : *Avait-il fini? avez-vous reçu? sont-elles arrivées?*

2° Quand le verbe finit par un *e*, on change cet *e* en *é* devant le pronom *je*, pour qu'il n'y ait

pas deux syllabes muettes de suite : *Aimé-je?
eussé-je chanté?*

3° Quand le verbe ou l'auxiliaire finit, à la 3ᵉ personne du singulier, par une voyelle, on fait précéder le sujet *il, elle, on,* d'un *t* euphonique que l'on met entre deux traits-d'union : *Chante-t-il?
ira-t-elle? viendra-t-on?*

Un verbe ne peut être conjugué à la forme interrogative qu'au mode indicatif et au mode conditionnel, encore l'euphonie ne permet-elle pas de dire : *Vends-je? cours-je? sers-je? ris-je? dors-je?* etc.

Accord du verbe avec son sujet.

RÈGLE. — Tout verbe à un mode personnel s'accorde en nombre et en personne avec son sujet.

Ainsi, dans cet exemple : *Je* PARLE, le verbe *parle* est au nombre singulier et à la première personne, parce que son sujet *je* est du singulier et de la première personne. *Vous* PARLEZ *tous deux : parlez* est au nombre pluriel et à la seconde personne, parce que son sujet *vous* est du pluriel et de la seconde personne.

REMARQUES. — 1° Quand un verbe a deux sujets du singulier, ce verbe se met au pluriel : *Le bienfait et la reconnaissance* UNISSENT *les hommes entre eux.*

2° Quand les deux sujets sont de différentes personnes, on met le verbe à la personne qui a la priorité sur les autres : la première personne a la priorité sur la seconde, et la seconde sur la troisième : *Vous et moi* AIMONS *l'étude.* — *Ta cousine et toi* IREZ *à la campagne.*

(La politesse française veut que la personne
qui parle se nomme la dernière.)

EXERCICES.

Voyez nos EXERCICES PRÉPARATOIRES, 1re *partie,
livre de l'Élève,* pages 96-126.

CHAPITRE VI.

Du Participe.

Le PARTICIPE est un mot qui tient à la fois de la
nature du verbe et de celle de l'adjectif, et qui,
par conséquent, a la double propriété d'exprimer
tantôt l'*état,* tantôt l'*action.*

Il y a deux sortes de participes : Le *participe
présent,* terminé en *ant,* comme *chantant, finissant, recevant, rompant*; et le *participe passé* qui
a diverses terminaisons, comme *chanté, fini, reçu,
pris, ouvert, mort, etc.*

RÈGLE UNIQUE. — Tout participe, soit présent
soit passé, est invariable quand il marque l'*action,* et variable quand il marque l'*état*; dans ce
dernier cas, il s'accorde, comme l'adjectif, en

genre et en nombre avec le mot auquel il se rapporte.

I. — Le *participe présent* marque l'*action* quand
il exprime ce que font les personnes ou les choses
dont on parle : *Voyez ces enfants* CARESSANT *leur
mère*, c'est-à-dire qui font l'action de *caresser*.

Le *participe présent* marque l'*état* quand il exprime *comment* sont les personnes ou les choses
dont on parle : *Voilà des enfants bien* CARESSANTS,
c'est-à-dire qui sont bien *caressants*.

II. — Le *participe passé* marque l'*action* quand
il est conjugué avec *avoir* et suivi de son complément direct, ou qu'il n'a pas de complément de
cette nature : *La religion chrétienne a* CIVILISÉ *le*
MONDE (compl. dir.) ; — *Jeanne d'Arc a* CHASSÉ les
ANGLAIS (complément direct) *de la France ; —
Les lettres et les arts ont* FLEURI *sous Louis XIV.*

Le *participe passé* marque l'*état* :

1° Quand il est employé sans auxiliaire : *Les
belles actions* CACHÉES *sont les plus estimables.*

2° Quand il est conjugué avec *être* exprimé ou
sous-entendu : *Que votre porte et votre bourse
soient* OUVERTES *à toute heure aux infortunés ; —
L'âme* SUPPOSÉE (ÉTANT *supposée*) *immortelle, comment ne pas croire à l'existence d'une autre vie?*

3° Quand il est conjugué avec *avoir*, et précédé
de son complément direct : *Le premier degré du
pardon est de ne plus parler de l'injure* QU' (complément direct) *on a* REÇUE ; — *Une jeune fille ne*

doit jamais oublier les conseils QUE (complément direct) *lui a* DONNÉS sa *mère.*

EXERCICES.

Voyez nos EXERCICES PRÉPARATOIRES, 1re *partie,* *livre de l'Élève,* pages 127-170.

CHAPITRE VII.

DES MOTS INVARIABLES.

De la Préposition.

La PRÉPOSITION est un mot invariable qui sert à marquer le rapport que les mots ont entre eux :
On dort bien APRÈS *une bonne action.*

Dans cette phrase, le mot *après* est une préposition, parce qu'il marque le rapport *d'ordre* qu'il y a entre *dort* et *action.*

La *préposition (position avant)* est ainsi appelée, parce qu'elle se place toujours avant le second terme du rapport qu'elle établit.

Les *principaux rapports* que les prépositions expriment, sont ceux de *but,* de *tendance,* de *cause,* d'*origine,* d'*ordre,* d'*éloignement,* de *temps,* de *lieu,* etc.

Les prépositions les plus usitées sont :
A, après, avant, avec, chez, contre, dans, de, depuis, derrière, dès, devant, en, entre, envers,

hormis, hors, malgré, outre, par, parmi, pour, près, sans, selon, sur, vers.

REMARQUES. — 1° Le mot *à* est préposition et prend toujours un accent grave, quand il amène dans la phrase un complément indirect ou circonstanciel : *Un cœur pur est agréable à Dieu ; je vais à Rome.*

A est verbe et ne prend jamais d'accent, quand il a un sujet exprimé ou sous-entendu, ou qu'il est suivi d'un participe passé : *Paris* A *de beaux monuments ; la France* A *produit de grands hommes.*

2° Le mot *en* est tantôt préposition, tantôt pronom.

Il est *préposition* quand il amène dans la phrase un complément circonstanciel : *On met les voleurs* EN *prison.*

Il est *pronom* quand on peut le tourner par *de lui, d'elle, d'eux, d'elles, de cela* : *Avez-vous de l'argent ? — Oui, j'*EN *ai ;* c'est-à-dire *j'ai* DE CELA, *de l'argent.*

Dans ce cas, EN équivaut à la préposition *de* suivie d'un nom.

3° On met un accent grave sur *dès,* préposition de temps et de lieu, pour la distinguer de *des,* contraction pour *de les : Cette rivière est navigable* DÈS *sa source ; — Le nombre* DES *étoiles est infini.*

On appelle *locution prépositive* un ensemble de mots remplissant la fonction d'une préposition :

Les rayons du soleil nous arrivent A TRAVERS *les couches de l'air.*

Les principales locutions prépositives sont : *A l'égard de, à l'exception de, au-dessus de, jusqu'à, quant à, près de, autour de, etc.*

EXERCICES.

Voyez nos EXERCICES PRÉPARATOIRES, 1re *partie, livre de l'Élève,* pages 186-190.

CHAPITRE VIII.

De l'Adverbe.

L'ADVERBE est un mot invariable qui sert à modifier un verbe, un adjectif ou un autre adverbe :

Parlez *peu*, réfléchissez *beaucoup*.

Le chien a l'odorat *extrêmement* fin.

Le temps passe *très*-rapidement.

L'adverbe (*auprès du verbe*) est ainsi nommé, parce qu'il accompagne le plus souvent un verbe; il équivaut à une préposition suivie d'un nom : *poliment* signifie *avec politesse, modestement* veut dire *avec modestie.*

Les principales idées que l'adverbe exprime sont celles de *temps*, de *lieu*, de *manière*, de *quantité*, d'*ordre*, de *comparaison*, d'*affirmation* et de *négation.*

Les adverbes les plus usités sont : *hier, autrefois, bientôt, souvent, toujours, jamais, ailleurs, alentour, dedans, dehors, dessus, dessous, ici, là, beaucoup, peu, assez, trop, tant, ensuite, auparavant, plus, moins, aussi, autant, oui, assurément, certes, non, ne, bien, mal, ainsi,* et une foule d'adverbes en *ment,* comme *uniquement, bonnement, méchamment,* etc.

On donne le nom de *locution adverbiale* à une réunion de mots remplissant la fonction d'un adverbe : *A regret, à contre-cœur, à contre-temps, à demi, à peu près, à présent, sens dessus dessous, après-demain, au-dessus, tout à coup, tout à fait, pour ainsi dire, ne... pas, ne... point, ne... guère, ne... jamais, ne... que* (seulement), *à l'envi,* etc., etc.

REMARQUES. — 1° On met un accent grave sur *là,* adverbe de *lieu,* pour le distinguer de *la,* article ou pronom.

2° *Toujours* est une contraction de *tous les jours :* voilà pourquoi cet adverbe est terminé par une *s.*

3° *Y* est tantôt adverbe, tantôt pronom.

Il est adverbe quand il peut se tourner par *là : J'ai visité la Suisse, j'y ai vu des sites admirables,* c'est-à-dire, *j'ai vu* **là.**

Il est pronom quand il signifie *à lui, à elle, à eux, à elles, à cela : La beauté est passagère ; n'y attachez donc pas trop de prix,* c'est-à-dire *n'attachez pas* **à elle.**

Formation des Adverbes en MENT.

Les adverbes en *ment* expriment la manière et se forment des adjectifs qualificatifs que l'on met au féminin singulier pour les faire accorder avec le mot *ment*, vieux nom féminin qui veut dire manière : *Franc, franche* : FRANCHEMENT ; *doux, douce* : DOUCEMENT ; *sage* (même forme pour le féminin) : SAGEMENT. Il y a quelques exceptions : l'usage les apprendra.

REMARQUES. — 1° Lorsque l'adjectif se trouve avoir deux voyelles de suite au féminin singulier, le besoin d'abréger fait supprimer la dernière : *vrai, vraiE*, VRAIMENT, et non VRAIEMENT. Un accent circonflexe devrait remplacer la voyelle supprimée, mais l'Académie n'a encore adopté cette orthographe que pour les adverbes : *dûment, assidûment, crûment, gaîment* (on écrit aussi *gaiement*).

2° Dans les adjectifs en *ant* et en *ent*, la rencontre des formes féminines *ante, ente* avec *ment*, a aussi amené une contraction bien naturelle ; car si l'on prononce un peu vite *prudentement*, par exemple, à peine fait-on entendre la syllabe *te*, d'où *pruden-ment*, et, par assimilation de consonnes, *prudemment*. Il y a quelques exceptions : l'usage les fera connaître.

Adjectifs qualificatifs

EMPLOYÉS COMME ADVERBES DE MANIÈRE.

Certains adjectifs qualificatifs sont quelquefois employés comme *adverbes de manière* pour modifier les verbes : chanter *juste*, parler *bas*, voir *clair*, rester *court*, frapper *fort*, sentir *bon*. Dans ce cas, ils deviennent invariables, c'est-à-dire qu'ils s'écrivent toujours au masculin singulier.

EXERCICES.

Voyez nos EXERCICES PRÉPARATOIRES, 1re *partie, livre de l'Elève*, pages 171-185.

CHAPITRE IX.

De la Conjonction.

La CONJONCTION est un mot invariable qui sert à *joindre ensemble* deux propositions ou deux termes semblables d'une même proposition (1) :

La vertu est nécessaire, CAR *elle conduit au bonheur.* — *La géographie* ET *la chronologie sont les deux yeux de l'histoire.*

Les mots *car, et,* sont des conjonctions.

---

(1) On fait une *proposition* quand on nomme une personne ou une chose et que l'on dit *comment elle est* ou *ce qu'elle fait* : *La vertu est nécessaire*: voilà une proposition ; *elle conduit au bonheur*: en voilà une autre.

Les conjonctions les plus usitées sont : *car, cependant, comme, donc, et, lorsque, mais,* **ni,** *or, ou, pourquoi, puisque, quand, que, quoique, si,* etc.

On donne le nom de *locution conjonctive* à une réunion de mots remplissant la fonction d'une conjonction : *afin que, ainsi que, à mesure que, avant que, de même que, dès que, parce que, pendant que, pourvu que, tandis que,* etc.

Remarques.—1° Le mot *que* peut être conjonction, adverbe ou pronom.

Il est pronom quand on peut le tourner par *lequel, laquelle,* etc., ou par *quelle chose? Un bienfait* que *l'on reproche a perdu son mérite;* — Que *dites-vous?*

Il est adverbe quand il signifie *combien :* Que *Dieu est bon !*

Il est conjonction quand on ne peut le remplacer ni par *lequel,* ni par *quelle chose?* ni par *combien : Sachez* que *l'oisiveté est la mère de tous les vices.*

2° Il ne faut pas non plus confondre *ou,* conjonction, et *où,* adverbe.

Où, adverbe, marque le lieu ou le temps, et prend toujours un accent grave : Où (lieu) *allez-vous? Le jour* où (temps) *nous mourrons nous est caché.*

Ou, conjonction, peut se tourner par *ou bien* et ne prend jamais d'accent grave : *Vaincre* ou (ou bien) *mourir.*

EXERCICES.

Voyez nos EXERCICES PRÉPARATOIRES, 1re *partie,*
livre de l'Elève, pages 191-197.

CHAPITRE X.

De l'Interjection.

L'INTERJECTION est un mot invariable qui sert à
exprimer les affections vives et subites de l'âme :

Aïe ! *vous me faites mal !*

L'*interjection* est un mot isolé, complet par lui-même,
qui n'a aucune espèce de relation avec les autres parties
du discours, *entre* lesquelles il est comme *jeté.*

Les interjections les plus usitées sont :

Ah ! hélas ! pour exprimer la douleur.

Bah ! ha ! hé ! pour la surprise, l'étonnement.

Oh ! pour l'admiration.

Holà ! hé ! pour appeler.

Chut ! pour avertir ou ordonner de faire silence.

Il faut ajouter à cette liste un grand nombre
de mots qui s'emploient accidentellement comme
interjections, tels que *Allons ! bon ! courage ! Ciel !*
paix ! silence ! et bien d'autres.

On donne le nom de *locution interjective* à une
réunion de mots remplissant la fonction d'une interjection : *Grand Dieu ! hé bien ! tout beau !* etc.

EXERCICES.

Voyez nos EXERCICES PRÉPARATOIRES, 1re *partie,*
livre de l'Elève, page 198.

CHAPITRE XI.

PETITE REVUE DES DIX PARTIES DU DISCOURS.

—

MOTS VARIABLES.

—

Du Nom.

DES NOMS COMPOSÉS.

On appelle *noms composés* ceux qui sont formés de plusieurs mots joints ensemble par un trait-d'union, comme *chef-d'œuvre, arc-en-ciel.*

RÈGLE.—Tout nom composé doit s'écrire, dans chacune de ses parties, au singulier ou au pluriel selon que le *sens* ou la *nature* des mots partiels exige l'un ou l'autre nombre, ce qu'indique la décomposition du nom.

D'après cela, on écrira au singulier comme au pluriel :

Un ou des *essuie-mains* (ce qui *essuie* les *mains*).

Un ou des *garde-manger* (une armoire ou des armoires où l'on *garde* le *manger*).

Un ou des *couvre-pieds* (ce qui *couvre* les *pieds*).

On écrira au singulier :

Un *hôtel-Dieu* (un *hôtel de Dieu*).

Un *avant-coureur* (un *coureur* en *avant*).

Une *arrière-saison* (une *saison* en *arrière*).

On écrira au pluriel :

Des *hôtels-Dieu* (des *hôtels* de *Dieu*).

Des *avant-coureurs* (des *coureurs* en *avant*).

Des *arrière-saisons* (des *saisons* en *arrière*).

Une condition indispensable pour bien écrire les noms composés, c'est d'en bien comprendre le sens.

DES NOMS PROPRES.

Les *noms propres* employés pour désigner les personnes elles-mêmes ainsi nommées, ne prennent pas le signe du pluriel : *Les* CORNEILLE *et les* RACINE *ont illustré la scène française.*

Mais lorsqu'ils sont employés pour désigner des personnes semblables par leurs qualités, leurs talents, etc., à celles dont on parle, ils deviennent des noms communs et prennent le signe du pluriel : *Les* CORNEILLES et *les* RACINES *sont rares*, c'est-à-dire les poëtes semblables à *Corneille*, à *Racine*.

DES NOMS QUI CHANGENT DE GENRE EN CHANGEANT DE NOMBRE.

Nous avons, en français, des noms qui changent de genre en changeant de nombre; tels sont *délice*, *orgue*, etc., qui sont du masculin au singulier et du féminin au pluriel : NUL *délice n'est comparable à* CELUI *d'une bonne action;* — *Les délices du cœur sont plus* TOUCHANTES *que* CELLES *de l'esprit.*

DES NOMS QUI CHANGENT DE GENRE EN CHANGEANT DE SIGNIFICATION.

Nous avons aussi des noms qui changent de genre en changeant de signification, comme *hymne, aigle,* etc.

Hymne est du masculin quand il désigne un chant guerrier : *Chaque peuple a son hymne* NATIONAL.

Il est du féminin en parlant des chants de l'Église : *Santeuil a composé les plus* BELLES *hymnes du Bréviaire parisien.*

Aigle est du masculin quand il désigne l'oiseau de ce nom : *L'aigle est* FORT *et* COURAGEUX.

Il est du féminin dans le sens d'armoiries, d'enseigne militaire : *Les aigles* FRANÇAISES *ont fait trembler l'Europe entière.*

Du genre du mot GENS.

Le mot *gens* (1) est du masculin par rapport à tous les adjectifs qui le suivent, et du féminin par rapport à ceux qui le précèdent : *Les* VIEILLES *gens sont* SOUPÇONNEUX.

Mais si l'adjectif qui précède immédiatement le mot *gens* n'a qu'une seule et même terminaison pour les deux genres, cet adjectif et tous ceux qui le précèdent se mettent au masculin : Tous *les* HONNÊTES *gens sont respectés et estimés.*

---

(1) Le singulier de ce nom est *gent* : La GENT trotte-menu. (LA FONTAINE).

Rᴇᴍᴀʀǫᴜᴇ. Le mot *gens*, suivi d'un nom qui le détermine, se dit spécialement des hommes, et est, par conséquent, du masculin : *Ce sont de* ᴠʀᴀɪs *gens de lettres, de loi, de guerre, de robe, d'épée, de mer, d'affaires, de bien,* etc.

DES NOMS QUI N'ONT PAS DE SINGULIER.

Nous avons, dans notre langue, des noms qui n'ont pas de singulier ; tels sont : *Fiançailles, mœurs, entrailles, funérailles,* etc. : *Aucunes* ғᴜɴᴇ́ʀᴀɪʟʟᴇs *ne furent plus brillantes que celles de Sylla.*

EXERCICES.

Voyez nos Exᴇʀᴄɪᴄᴇs ᴘʀᴇ́ᴘᴀʀᴀᴛᴏɪʀᴇs, 2ᵉ *partie.*

De l'Adjectif.

NU, DEMI, FEU.

1° L'adjectif *nu* suit la règle générale de l'accord : *Diogène marchait pieds* ɴᴜs *et couchait dans un tonneau ; — Je me suis réservé la* ɴᴜᴇ *propriété de mes biens.*

Mais quand il est placé avant les noms *cou, tête, pieds, bras, jambes,* il concourt avec ces noms à former *un adverbe de manière,* et reste, par conséquent, toujours invariable : *Les mendiants vont* ɴᴜ-*pieds, et les courtisans* ɴᴜ-*tête.*

2° *Demi,* placé avant le nom est toujours invariable, parce qu'il concourt à former un nom composé où il joue le rôle d'adverbe : *On ne gouverne pas une nation avec des* DEMI-*mesures* (avec des mesures prises *à demi*).

Placé après le nom, il est adjectif et s'accorde en genre et en nombre avec un nom singulier sous-entendu : *Cette séance a duré deux heures et* DEMIE (deux heures et *une heure demie*).

REMARQUE. — *Demi*, employé comme nom, est masculin en terme d'arithmétique et prend le signe du pluriel : *Deux* DEMIS *font un entier* ; mais, en parlant des heures, il est du féminin : *La* DEMIE *est sonnée*; — *Cette pendule sonne les* DEMIES.

3° *Feu* (défunt) s'accorde lorsqu'il précède *immédiatement* le nom : *Votre* FEUE *mère était aimée et estimée de tous ceux qui la connaissaient.*

Mais il est invariable s'il en est séparé par l'article ou par un autre mot : FEU *votre tante et moi naquîmes le même jour.*

VINGT, CENT, MILLE.

1° *Vingt* et *cent* ne prennent une *s* que quand il y a plusieurs fois *vingt* ou plusieurs fois *cent* exactement : *L'homme ne vit guère aujourd'hui au-delà de quatre-*VINGTS *ans*; — *Les trois* CENTS *Spartiates ont légué à la postérité un souvenir impérissable.*

Mais on écrira sans *s* : *Sur cent personnes, il y en a quatre-*VINGT-*dix qui sacrifient l'avenir au présent*; — *L'année commune se compose de trois* CENT-*soixante-cinq jours.*

On joint ordinairement par un trait-d'union les parties du nombre entre lesquelles on pourrait mettre *et* ou
plus.

REMARQUE. — *Vingt* et *cent* employés par abré-
viation pour *vingtième*, *centième*, ne prennent
jamais le signe du pluriel, parce qu'ils se rapportent toujours à un nom singulier exprimé ou
sous-entendu : *Sylla se fit proclamer dictateur
vers l'an quatre-*VINGT *(quatre-vingtième) avant
Jésus-Christ;* — *Charlemagne fut couronné em-
pereur d'Occident l'an huit* CENT *(huit centième).*

2° *Mille* est adjectif ou nom.

Mille est adjectif et toujours invariable lorsqu'il
se rapporte à un nom, et qu'il exprime une idée
de nombre précis ou indéterminé : *Sur toute
la surface de la terre il naît et meurt trois* MILLE
personnes par heure; — *Une femme ne peut être
belle que d'une façon; mais elle peut être aimable de* MILLE *manières.*

REMARQUE. — *Mille*, dans la désignation d'une
date de l'ère chrétienne, perd sa dernière syllabe
et s'écrit *mil* : *L'Algérie appartient à la France
depuis* MIL-*huit cent-trente.*

Mille est nom commun, et, par conséquent,
prend le signe du pluriel, quand il est employé
comme mesure de chemin : *Un bon cheval fait
aisément quatre* MILLES *par heure.*

MÊME, QUELQUE, TOUT.

1° *Même* est adjectif ou adverbe.

Même est adjectif et s'accorde en genre et en

nombre, quand il se rapporte à un nom ou à un pronom : *Quoique l'Évangile propose à tous la* MÊME *doctrine, il ne propose pas à tous les* MÊMES *règles;* — *Ceux qui se plaignent de la fortune, n'ont souvent à se plaindre que d'eux-*MÊMES.

Même est adverbe, et, par conséquent, invariable, quand il modifie un adjectif, un verbe ou un autre adverbe, et qu'on peut le tourner par *aussi, et de plus, sans excepter : Aimez tout le monde,* MÊME *vos ennemis ;* — *Une tête bien faite s'accommode de tous les oreillers,* MÊME *les plus durs.*

2° *Quelque* s'écrit tantôt en un seul mot, tantôt en deux mots (*quel que*).

Quelque, écrit en un seul mot, est adjectif ou adverbe.

Il est adjectif et, par conséquent, s'accorde, quand il se rapporte à un nom : QUELQUES *talents que vous ayez, vous ne devez pas en tirer vanité ;* — *Une femme,* QUELQUES *grands biens qu'elle apporte dans une maison, la ruine bientôt si elle y introduit le luxe.*

Quelques, dans cette dernière phrase, se rapporte à *biens;* la preuve, c'est qu'on pourrait supprimer l'adjectif qualificatif *grands,* et dire : QUELQUES *biens,* etc.

Il est adverbe quand il modifie un adjectif ou un autre adverbe, et qu'il signifie *si* ou *environ :* QUELQUE *savants qu'ils puissent être, ils ignorent bien des choses ;* — QUELQUE *prudemment que vous agissiez, vous ne réussirez pas; — Il y a* QUELQUE *cinq cents ans que la boussole a été découverte.*

Quel que s'écrit en deux mots quand il est suivi *immédiatement* d'un verbe, ou qu'il n'en est séparé que par un pronom : *quel* est adjectif qualificatif et s'accorde, comme attribut, en genre et en nombre avec le sujet du verbe; *que* est conjonction, et, par conséquent, invariable : QUELS *que soient vos besoins,* QUELLE *que soit votre misère, songez qu'il est au monde des êtres qui envieraient encore votre bonheur.*

3° *Tout* est adjectif, adverbe ou nom.

Tout est adjectif, et par conséquent s'accorde quand il se rapporte à un nom et qu'il signifie *chaque, en totalité : En* TOUTE *chose il faut considérer la fin; — Nous sommes* TOUS *sujets à la mort.*

Tout est adverbe quand il modifie un adjectif ou un adverbe, et qu'il signifie *tout à fait, entièrement : La valeur,* TOUT *héroïque qu'elle est, ne suffit pas pour faire des héros; — Cette dame,* TOUT *élégamment parée qu'elle est, n'a pas des manières distinguées.*

REMARQUE. — *Tout,* quoique adverbe, s'accorde lorsqu'il précède immédiatement un adjectif qualificatif employé au féminin et commençant par une consonne ou par une *h* aspirée : *Les plaisanteries ne sont bonnes que quand elles sont ser-*

vies TOUTES *chaudes;* — *Cette jeune fille est* TOUTE *honteuse de son ignorance.*

Mais cet accord est purement euphonique, et le mot *tout* n'en reste pas moins adverbe.

Tout est nom et conserve le *t* final au pluriel, lorsqu'il présente à l'esprit l'idée de plusieurs choses de même espèce réunies ensemble : *Les mots sont des* TOUTS *syllabiques.*

EXERCICES.

Voyez nos EXERCICES PRÉPARATOIRES, 2ᵉ *partie.*

Du Pronom.

PARTICULARITÉ DES PRONOMS *NOUS, VOUS.*

Les pronoms *nous, vous,* employés pour *je* ou *moi, tu* ou *toi,* veulent au singulier tous leurs correspondants, excepté le verbe qui se met au pluriel : *Mon enfant,* vous n'êtes pas assez ATTENTIF; — Vous *êtes, mademoiselle, quelque peu* DISTRAITE.

DU PRONOM INDÉFINI *ON.*

Le pronom indéfini *on* est, de sa nature, du masculin et de la troisième personne du singulier : *Quand* ON *est vraiment* CHRÉTIEN, ON *est* PLEIN *de charité.*

REMARQUES. — 1° *On* vient de *homme,* en latin *homo;* on a dit successivement *home, hom, om, on*. Ce mot est donc, de sa nature, un véritable nom commun; aussi le trouve-t-on, toutes les fois que l'euphonie l'exige, précédé de l'article *l'* : *J'irai où* L'ON *voudra.*

2° Quoique le mot *on* soit du masculin, il est des cas où il indique si clairement qu'on parle d'une femme, que l'adjectif qui suit se met au féminin : ON *n'est pas toujours, mademoiselle,* JEUNE ET RIEUSE.

Le pronom *on* peut aussi être suivi d'un adjectif ou d'un nom employé au pluriel, c'est lorsque le sens indique clairement qu'on parle de plusieurs personnes : *En France,* ON *est tous égaux devant la loi.*

EXERCICES.

Voyez nos EXERCICES PRÉPARATOIRES, 2e *partie.*

Du Verbe.

EMPLOI DU MODE SUBJONCTIF.

Le *subjonctif* est le mode qu'on emploie dans les propositions *subordonnées* (1), quand on veut exprimer une chose dont le résultat est douteux, incertain :

---

(1) La proposition *subordonnée* est celle qui est sous la dépendance d'une autre qui porte le nom de *principale* : *Je souhaite* (prop. principale) QUE VOUS RÉUSSISSIEZ (prop. subordonnée).

*Je ferai mon devoir de manière qu'on n'*AIT *rien à me reprocher.*

Pensez-vous que sa protection me SOIT *utile?*

N'aura-t-on rien à me reprocher? Je l'espère, mais je n'en suis pas certain.

Sa protection m'est-elle utile? Je ne sais pas, puisque je vous le demande.

En général : Interrogez-vous vous-même, sachez bien ce que vous voulez dire, et votre expression sera toujours l'image de votre pensée : voilà la meilleure règle à suivre pour savoir si vous devez faire usage de l'indicatif ou du subjonctif.

EMPLOI DES TEMPS DU SUBJONCTIF.

L'emploi des temps du subjonctif dépend *uniquement* de l'idée qu'on veut exprimer.

Le subjonctif a, comme nous l'avons vu, quatre temps : le *présent*, l'*imparfait*, le *passé* et le *plus-que-parfait*.

Le 1er *temps* du subjonctif s'emploie pour exprimer :

1° Un *présent* : *Il faut que je* SORTE *maintenant*, c'est-à-dire *Je* SORS *maintenant, car il le faut*.

2° Un *futur* : *Il faut que je* PARTE *demain*, c'est-à-dire *je* PARTIRAI *demain*.

Le 2e *temps* s'emploie pour exprimer :

1° Un *imparfait* : *Il semblait que ma présence* EXCITÂT *son audace*, c'est-à-dire *excitait*.

2° Un *passé défini* : *Il rentra sans que per-*

sonne *l'*INSULTAT, c'est-à-dire *personne ne l'*IN-
SULTA.

3° Un *conditionnel présent* ou *futur* : *Il faudrait que j'*ÉCRIVISSE *maintenant*, c'est-à-dire j'É-
CRIRAIS.

Il a réussi hier, mais pensez-vous qu'il RÉUSSÎT
demain? c'est-à-dire *qu'il* RÉUSSIRAIT ?

Le 3° *temps* s'emploie pour exprimer :

1° Un *passé indéfini* : *Il semble que la nature*
AIT EMPLOYÉ *la règle et le compas pour peindre la
robe du zèbre*, c'est-à-dire A EMPLOYÉ.

2° Un *futur antérieur* : *Si vous attendez qu'un
enfant* AIT CONTRACTÉ *l'habitude du mensonge,
vous ne pourrez plus l'en corriger*, c'est-à-dire
quand un enfant AURA CONTRACTÉ.

Le 4° *temps* s'emploie pour exprimer :

1° Un *plus-que-parfait* : *Je ne savais pas que
vous* EUSSIEZ ÉTÉ *indisposé hier*, c'est-à-dire *que
vous* AVIEZ ÉTÉ *indisposé*.

2° Un *conditionnel passé* : *Je doute qu'il* EÛT
mieux RÉUSSI *que vous*, c'est-à-dire *qu'il* AURAIT
mieux RÉUSSI.

REMARQUE.—Les quatre principes que nous venons de
poser, une fois bien compris, l'emploi des temps du subjonctif ne présentera plus aucune difficulté ; c'est, nous le
répétons, à l'idée qu'on veut exprimer qu'il faut s'arrêter,
et non au temps auquel se trouve le verbe de la proposition
principale.

EXERCICES.

Voyez nos EXERCICES PRÉPARATOIRES, 2° *partie.*

CHAPITRE XII.

—

MOTS INVARIABLES.

—

De l'Adverbe.

PLUTÔT... PLUS TÔT.

Plutôt, en un seul mot, éveille une idée de préférence : PLUTÔT *la mort que le déshonneur!*

Plus tôt, en deux mots, exprime une idée de temps et a pour opposé *plus tard : Les excès détruisent la santé et font mourir* PLUS TÔT.

De la Conjonction.

PARCE QUE... PAR CE QUE.

PARCE QUE, en deux mots, signifie PAR LA RAISON QUE : *L'homme n'est malheureux que* PARCE QU'*il est méchant.*

PAR CE QUE, en trois mots, signifie PAR LA CHOSE QUE, PAR LES CHOSES QUE : PAR CE QUE *l'homme fait, on peut juger de ses principes.*

QUOIQUE... QUOI QUE.

QUOIQUE, en un seul mot, signifie *bien que :* QUOIQUE *vous soyez instruit, soyez modeste.*

QUOI QUE, en deux mots, veut dire *quelque chose que :* QUOI QUE *possède un avare, il ne dira jamais : c'est assez.* Dans ce cas, quoi est pronom indéfini, et QUE, pronom conjonctif.

QUAND... QUANT.

QUAND, avec un *d* final, est conjonction, et signifie *lorsque, à quelle époque?*

QUAND *nous recevons un bienfait, payons-le avec la reconnaissance;* — QUAND *parlez-vous?*

QUANT ne s'emploie que suivi de la préposition *à*, avec laquelle il forme une locution prépositive qui signifie *à l'égard de, en ce qui concerne,* etc. :

QUANT À *cette affaire, je m'en inquiète peu.*

De l'Interjection.

AH ! HA !

L'interjection *ah !* expression de douleur, d'admiration, de joie, etc., marque une émotion profonde et se prononce longuement : AH ! *que vous me faites mal !* — AH ! *que c'est beau !*

L'interjection *ha !* exprime une surprise passagère, et se prononce brièvement : HA ! *vous voilà !*

En général : La lettre *h* précède toutes les fois que c'est un cri proféré sans réflexion.

EXERCICES.

Voyez nos EXERCICES PRÉPARATOIRES, 2e *partie.*

CHAPITRE XIII.

De la Ponctuation.

La Ponctuation est l'art de placer certains signes dans le langage écrit pour rendre le sens plus clair, et marquer les pauses que l'on doit faire en lisant.

Les signes de ponctuation sont : la *virgule* (,), le *point-virgule* (;), les *deux points* (:), le *point* (.), le *point d'interrogation* (?) et le *point d'excla- mation* (!).

Dans le langage parlé, la *virgule* marque la pause la plus courte, le *point* la plus longue ; le *point-virgule* et les *deux points* tiennent le mi- lieu entre la *virgule* et le *point*.

DE LA VIRGULE.

La *virgule* s'emploie. :

1° Pour séparer entre elles les parties sem- blables d'une même proposition, comme les sujets, les attributs et les compléments de même nature :

La RICHESSE, *le* PLAISIR, *la* SANTÉ, *deviennent des maux pour qui ne sait pas en user.*

Une jeune fille doit être DOUCE, PIEUSE, MODESTE.

Il faut régler ses GOÛTS, *ses* TRAVAUX, *ses* PLAI- SIRS.

2° Pour séparer entre elles des propositions semblables quand elles ont peu d'étendue :

L'attelage suait, soufflait, était rendu.

3° Avant ou après tout mot ou toute réunion de mots qu'on pourrait retrancher sans dénaturer le sens de la phrase :

Ne vous écartez jamais, MES ENFANTS, *du sentier de la vertu.*

Le temps, QUI PASSE SI RAPIDEMENT SUR NOS PLAISIRS, *semble s'arrêter sur nos peines.*

On fait encore usage de la *virgule* dans bien d'autres cas, que l'usage, la lecture et le bon sens feront connaître.

REMARQUE. — On ne met point de virgule entre deux parties semblables jointes ensemble par une des conjonctions *et, ou, ni,* à moins que ces parties n'excèdent la portée de la respiration :

La coquetterie détruit ET *étouffe toutes les vertus.*

Il faut vaincre OU *mourir.*

L'or NI *la grandeur ne rendent l'homme heureux.*

Mais on dira, en employant la virgule :

Nul n'est content de sa fortune, NI *mécontent de son esprit,*

Parce que les parties jointes ensemble par NI ont trop d'étendue pour qu'on puisse les prononcer sans faire une pause; cette virgule se nomme VIRGULE DE RESPIRATION.

DU POINT-VIRGULE.

Le *point-virgule* sert à séparer entre elles les propositions semblables qui ont une certaine étendue, surtout si ces propositions renferment des parties déjà subdivisées par des virgules :

La raison est le flambeau de l'amitié ; le jugement en est le guide ; la tendresse en est l'aliment.

Les grâces les plus séduisantes sont celles de la beauté ; les plus piquantes, celles de l'esprit ; les plus touchantes, celles du cœur.

DES DEUX POINTS.

Les deux points s'emploient :

1° Avant une citation :

La flamme l'environne, et sa voix expirante
Murmure encore : O France ! ô mon roi bien-aimé !

2° Avant une énumération, si l'énumération termine la phrase ; après une énumération, si l'énumération commence la phrase :

Voici toute la religion chrétienne : croire, aimer, espérer.

croire, aimer, espérer : *Voilà toute la religion chrétienne.*

3° Avant une réflexion :

Ne fais rien dans la colère : mettrais-tu à la voile dans la tempête ?

DU POINT.

Le *point* se met après une ou plusieurs propo-

sitions formant un sens complet, c'est-à-dire à la
fin d'une phrase :

Le mensonge est le plus bas de tous les vices.

DU POINT D'INTERROGATION.

Le point d'interrogation se met à la fin des
phrases qui expriment une interrogation :

Comment vous portez-vous ?

*Cet ouvrage est magnifique, vous ne l'admirez
pas ?* c'est-à-dire : *est-ce que vous ne l'admirez
pas ?* il y a interrogation dans la pensée.

REMARQUE. — Le verbe est quelquefois à la forme
interrogative, sans qu'il y ait pour cela interrogation dans la pensée ; dans ce cas, on ne fait
point usage du point d'interrogation : *Lui fait-on
la moindre observation, il se fâche;* c'est-à-dire,
si on lui fait la moindre observation.

DU POINT D'EXCLAMATION.

Le point d'exclamation s'emploie après les
interjections et après les phrases qui marquent la
surprise, la douleur, la joie, l'admiration, etc. :

Qu'un ami véritable est une douce chose !

Hélas ! que mon sort est à plaindre !

EMPLOI DES MAJUSCULES DANS LEUR RAPPORT AVEC LA PONCTUATION.

I. Tout mot qui suit un point doit commencer
par une majuscule :

*Ni le repos extrême ni l'extrême inquiétude ne
peuvent durer longtemps. Il est important de bien*

se pénétrer de cette vérité pour ne pas s'enor-
gueillir aux heures de félicité, et ne pas s'avilir
dans les jours de trouble.

REMARQUE. — Cependant on n'emploie pas de
majuscules, lorsque le point interrogatif et le point
exclamatif terminent de petites phrases qui s'en-
chaînent étroitement, et roulent sur le même
sujet :

*Comment? que dites-vous? je ne vous entends
pas.*

Que vous êtes joli ! que vous me semblez beau !

II. On emploie une majuscule après deux
points, lorsqu'on rapporte les paroles de quelqu'un :

*Saint Jean répétait sans cesse à ses disciples :
« Mes enfants, aimez-vous les uns les autres. »*

FIN.

LIBRAIRIE AUG. BOYER ET Cie.

MÉTHODE LEXICOLOGIQUE DE LECTURE, par P. LAROUSSE. et vignettes par MIGNON. — *Livre de l'Élève.* . . . . » 25

MÊME OUVRAGE, en 32 tableaux. . . . . 1 fr. »

LECTURES INTERMÉDIAIRES OU NOUVEAUX EXERCICES, contenant : 1° plus de 12,900 mots classés méthodiquement; 2° la prononciatio de tous les points dificiles; 3° toutes les règles de la lecture, suivies d'exercices pour la lecture latine; 4° un choix de lectures courantes, où l'on a réuni, dans de jolies histoires, les qualités que les enfants doivent acquérir, les défauts qu'ils doivent éviter; des leçons de morale, de politesse, des faits historiques, biographiques, etc. Ouvrage destiné à servir de complément à toutes les méthodes de lecture; par Mlle CLARISSE JURANVILLE. — Prix, cartonné. . . . . . 75 cent.

MANUEL AGRICOLE DES ÉCOLES PRIMAIRES, livre de lecture courante, par P. QUEYRIAUX, ancien professeur d'agriculture. (*Ouvrage autorisé.*) Un fort volume in-18, cartonné. . . . . 1 fr.

LE VIEUX SOLDAT OU L'OBÉISSANCE A LA LOI, livre de lecture courante. par Mlle MARIE CURO. Ouvrage approuvé par NN. SS. l'évêque de Saint-Brieuc, l'évêque de Rennes et l'archevêque de Sens. (*Ouvrage autorisé.*) — Prix, cartonné. . . . . 1 fr.

LIVRE UNIVERSEL DE LECTURE ET D'ENSEIGNEMENT *pour les Écoles primaires* ou *Encyclopédie des Écoles primaires*, avec Questionnaires, Mappemonde et Figures; par C. J. AMYOT, secrétaire général de la Société pour l'Instruction élémentaire, etc. — Prix. cartonné. . . . . 1 fr. 50

BELLES ACTIONS DES ENFANTS, livre de lecture pour les Écoles, par LE MÊME. —Un volume in-18, cartonné, prix. . . . . 50 cent.

LATINOLÉGIE DES ÉCOLES PRIMAIRES, ou *Leçons graduées de Lecture latine*, à l'usage des Écoles primaires, suivies de la Messe, des Prières, des Psaûmes, des Cantiques, des Hymmes, des Proses pour les différents temps de l'année; par J. L. C. RENAUDIN. — Prix. . . . . 60 cent.

LE MORALISTE DES ENFANTS, recueil de Poésies à l'usage du jeune âge, par M. J. P. WORMS. — Joli volume grand in-18. Édition classique. » 75

—Édition de luxe. . . . . 1 fr. »

TRESOR POÉTIQUE, livre de Lecture et de Récitation : 300 morceaux de Poésie empruntés, pour la plupart, aux poëtes du dix-neuvième siècle, par LAROUSSE et BOYER. — Beau volume de près de 500 pages. — Prix. . . . . 2 fr.

LECTURES MANUSCRITES, à l'usage de la jeunesse des deux sexes, pouvant servir à la fois de Livre de lecture pour les manuscrits, et de Modèles d'écriture classique et expédiée, par MM. VINSOT et RENAUDIN. — Un volume in-8° de 128 pages. prix, cartonné. . . . . 1 fr. 50

PARIS. — ÉDOUARD BLOT, IMPRIMEUR, RUE BLEUE, 7.